陈纳德和"飞虎队"

马毓福 主编

五洲传播出版社

图书在版编目（CIP）数据

陈纳德和"飞虎队" / 马毓福主编. —— 北京：五洲传播出版社，2016.1

ISBN 978-7-5085-3225-7

Ⅰ.①陈… Ⅱ.①马… Ⅲ.①中美关系 – 抗日战争 – 史料 Ⅳ.① K265.06 ② D829.712

中国版本图书馆 CIP 数据核字 (2015) 第 196071 号

陈纳德和"飞虎队"

主　　编：马毓福
责任编辑：高　磊
图片提供：马毓福　中新社　FOTOE
装帧设计：北京正视文化艺术有限责任公司
出版发行：五洲传播出版社
地　　址：北京市海淀区北三环中路 31 号生产力大楼 B 座 7 层
邮　　编：100088
电　　话：010-82005927，82007837
网　　址：www.cicc.org.cn
承 印 者：北京光之彩印刷有限公司
版　　次：2016 年 1 月第 1 版第 1 次印刷
开　　本：889×1194mm 1/16
印　　张：19
字　　数：400 千
定　　价：198.00 元

前言

中国人民抗日战争期间，曾经有一支由美国人组成的空军部队——中国空军美国志愿航空队——活跃在中国的天空。这支由陈纳德领导、指挥的空中力量，从空中给日本侵略军，特别是日本陆军航空队和海军航空队以沉重打击并取得辉煌战绩。因美国志愿航空队的战斗机涂有鲨鱼牙齿和眼睛及"飞虎"标志，中国民众亲切地称这支部队为"飞虎队"。

1941年底美国对日本宣战后，美国志愿航空队被收编为美国陆军第十航空队第23战斗机大队，后扩编为美国陆军第十四航空队，均由陈纳德任指挥官。另一支在中国空军编制序列的中美空军混合团，也由陈纳德指挥。这些部队的作战飞机，有的也涂有鲨鱼牙齿和眼睛及"飞虎"标志，于是，中国民众统统称这些部队为"飞虎队"。陈纳德在中国空中战场运用、检验他的空战战术理论，展现他的指挥才能和艺术。他培育的"飞虎精神"，使他领导的这支规模不大却机动能力强的空中突击力量不断取得丰硕战果，并与中国空军一起逐步取得制空权，协助中国军民最终战胜了日本法西斯。

日本投降前夕，陈纳德以少将军阶荣归故里。1958年7月18日，美国国会批准晋升陈纳德为中将。九天后，7月27日，陈纳德因病去世。给退休多年的军人晋升军衔，这在美国历史上十分罕见。这是他的国家给他的殊荣，说明美国政府对陈纳德在世界反法西斯战争中国战场的功绩给予充分肯定。

美国人民和中国人民都十分敬仰、热爱陈纳德将军，以各种方式纪念他。在中国，很多地方为陈纳德将军塑像，修建纪念馆、展览馆、纪念碑、纪念亭……一个外国人，在中国受到广大民众如此关注和尊敬，这在中国历史上也十分罕见。陈纳德率领美国志愿航空队帮助中国抗击日本侵略军的时候，美国政府对日本侵华尚持"中立"态度，日本人知道有美国顾问在华帮助中国抗战，曾经要求美国政府令所有在华航空人员离开中国。美国国务院将此事告知了陈纳德，陈纳德非常明确地回答："我想，我是一个中国人"，"当最后一个日本人离开中国时，我会高高兴兴地离开中国的！"

陈纳德将军是中国人民的伟大朋友！陈纳德将军虽然离开了我们，但他永远活在中国人民心中！

目录

- 003 | **前言**

01 006 | **美国志愿航空队（飞虎队）**
美国志愿航空队指挥官陈纳德 / 9
战前训练 / 16
成立"美国志愿航空队" / 21
首战9:0 / 28
备受赞誉的"飞虎队" / 35
"只有志愿队才是'飞虎队'" / 52

02 054 | **第十航空队第23战斗机大队**
组建第23战斗机大队 / 57
广建机场实施机动作战 / 68
体验"战斗生活" / 80
飞行员个个都是好样的 / 94
"飞虎队"王牌飞行员 / 102
永远的怀念——罗伯特·H·莫尼中尉 / 117
第23战斗机大队进行扩编 / 122

03 128 美国陆军第十四航空队

组建作战指挥部 / 131
初战不利 / 139
逐步掌握战场主动权 / 154
B-29战略轰炸机队 / 168
生命的跑道 / 183
营救美国飞行员 / 187

04 198 中美空军混合团

中美空军混合团 / 201
中美空军联合作战 / 209
重要作战行动 / 224

05 244 远去的"飞虎" 永恒的丰碑

带着遗憾的离别 / 247
陈纳德的中国情缘 / 251
"飞虎精神"世代传 / 258
中美军事航空历史文化交流 / 270
永远的纪念 / 288

01

陈纳德和"飞虎队"

美国志愿航空队（飞虎队）

1937年抗日战争全面爆发后不久，弱小的中国空军几乎全军覆没。中国军队没有了制空权，地面部队失去空中掩护和支援，损失非常严重。遭遇强大日军的进攻，中国守军节节败退，大片国土沦陷。中国迫切需要一支能够抗击日本陆军航空队和海军航空队，并且支援地面部队作战的空中力量。

当时的中华民国政府一方面从国外购买飞机，一方面招聘外国飞行人员来华帮助中国抗击日本侵略军。随后，有美国、德国、法国、荷兰、比利时等国的空、地勤人员来华参加中国抗战。刚刚从美国陆军航空队退役的陈纳德上尉也受聘于中华民国航空委员会，前来中国考察空军，随后受命以美军标准训练中国空军，并协助中国空军对日作战。

1941年8月，由中国政府出资购买飞机装备，陈纳德负责招聘空地勤人员组成的"美国志愿航空队"正式成立，编制在中国空军序列。此后，陈纳德以其独特的"空中游击战术"，率领美国志愿航空队给日军以沉重打击。这支以飞虎为徽标的部队，被中国百姓亲切地称为"飞虎队"。

1
美国志愿航空队指挥官陈纳德

克莱尔·李·陈纳德1890年9月6日生于美国得克萨斯州的康麦斯,其父是以种植棉花为生的农民。陈纳德早年在路易斯安那州州立大学学习农业专业,后转入该州师范学院学习,毕业后在一所小学任校长,不久结婚。1917年应征入伍,在印第安纳州军事学校接受军事训练,任通信兵,后提升为军官,军衔晋至中尉。这时第一次世界大战已经结束,飞机在战争中的作用引起军方的高度重视,各国都在发展航空事业,特别是军事航空。热爱飞行、有志于航空事业的陈纳德,利用他与一些飞行教官熟识的条件,偷着学习飞行技术。他经过一段时间学习,掌握了驾驶"詹尼"飞机的技术。当时各国都在竞相发展军事航空,招募航空人员,陈纳德由于掌握了基本飞行技术被调入美国陆军第46战斗机中队任飞行员,后升任该中队的副官。

1921年8月他参加了正规飞行训练,并开始学习、研究第一次世界大战时的空战战术。由于陈纳德刻苦钻研,飞行技艺超群,1923年他被任命为驻夏威夷的第19战斗机(当时称驱逐机)中队指挥官。通过对空战战术的分析研究,陈纳德认为,第一次世界大战中使用的单机空战因缺乏整体协调配合,战斗力不强,容易遭受对方攻击。他提出了双机和三机编队空战理论。陈纳德认为,双机协同作战,僚机掩护长机进行攻击,长机可以集中精力

美国志愿航空队(飞虎队)的创始人克莱尔·李·陈纳德。陈纳德是一个有威望、有能力的指挥官,部下习惯称他"老头子"(Oldman)。

1924年在美国陆军航空队服役时的陈纳德

攻击敌机,有利于提高命中率。同时,在僚机处于有利位置时,长机也可以掩护僚机进行攻击。陈纳德认为,采用三机编队战术,以两架飞机实施攻击,第三架飞机在高空掩护,可以胜过六架散开单独作战的飞机。

1929年4月,陈纳德被任命为布鲁克斯基地飞行主任,同时晋升为上尉。陈纳德为了验证双机和三机编队的空战理论,组织人员和飞机进行试飞。因飞行员们习惯于自由自在的单机空战,对严格编队空战非常不适,首次试飞就发生空中双机相撞事故。他的理论非但未能引起人们的注意,反而遭到一些守旧的老飞行员嘲笑。但他并没有因此而气馁,而是继续进行空战战术研究。他与两名志同道合的飞行员进行多次编队飞行,模拟空战,并取得较好的效果。陈纳德阅读了大量图书资料,计算各种飞行数据,编写出新的双机、三机编队协同作战空战战术教材。他认为,在其他因素相同的条件下,敌对双方火力数量的差异是火器差异的平方。因此,两架飞机组成的编队协同攻击一架单独的敌机,他们获得的优势不是二比一,而是四比一。陈纳德十分强调双机、三机编队协同作战的重要性。为了表现飞行员的熟练技巧,他用65米长的绳索分别将三架飞机连在一起,三架飞机在空中飞行就像一个人操纵一样,飞机着陆后,绳索仍保持原样。但是,陈纳德的上司把他们的表演认为是"耍杂技",并不相信他的双机、三机编队战术会在实战中发挥作用。

20世纪30年代,世界各国军界人物对意大利空军军事理论家杜黑关于"轰炸机至上"的空中战争理论非常推崇,认为只有轰炸机才能战胜对方赢得战争的胜利;而战斗机在战争中的地位和应用却受到冷落。陈纳德对"轰炸机至上"的空中战争理论持怀疑态度。他坚信,现代空战不能没有战斗机,在未来的战争中战斗机将像轰炸机一样扮演着重要角色。1935年,他编写了《防御性追击的作用》一书,阐明自己的观点。此书出版后,其空战战术理论在美国陆军航空兵中有一定的影响，但却未能引起军界上层的注意。

陈纳德热爱航空事业，一直与飞机为伴，并潜心钻研新的飞行技术、战术，很有建树。但在军用飞机战术颇受冷落的20世纪30年代的美国军界，他并没有赢得应有的尊敬和回报。经过20年的漫长军旅生涯，他才是一名上尉。1934年，不幸的事情发生了。一次陆空联合作战演习中，他对陆军部参谋长吉尔本将军沿袭第一次世界大战的堑壕战，无视空中力量的做法提出了批评，结果引起了一场激烈争论。陈纳德坚持己见，绝不放弃自己对空军理论的意见，这令吉尔本十分恼怒，觉得很没面子。数周后，陈纳德在军官表册上被除名，不久便退出现役。

1937年4月30日，陈纳德从陆军航空队退役，当时47岁。他退役后住在路易斯安那州瓦特普鲁温圣约翰湖的乡间别墅，继续研究双机、三机编队空战战术。他的两位助手威廉·麦克唐纳和约翰·威廉姆森退役后去中国担任飞行教官，当他们得知中国政府要为"航空委员会"（当时中国空军的领导机关）聘请一位顾问时，就向中国政府推荐陈纳德。他们多次打电话给陈纳德，劝他到中国来展现他的才能。

1937年6月，陈纳德应聘到中国担任航空委员会顾问，其主要任务是帮助中国建设一支有战斗力的空军。陈纳德在洛阳考察航空学校时，卢沟桥事变发生，抗日战争全面爆发。他当即表示："如有需要，愿意尽力为中国服务。"后赴南昌，负责

陈纳德（中）与他的两位助手威廉·麦克唐纳（左）和约翰·威廉姆森进行双机、三机编队飞行后在波音P-12E飞机旁合影留念。

指导战斗机队的作战训练。陈纳德先后亲历了淞沪会战、南京保卫战和武汉会战，他与中国空军和苏联空军志愿队领导人切磋过空战指挥艺术。1937年8月，日军开始进攻上海，面对日军强大的海空力量，陈纳德使用简陋的电话、电报设备，以及地面观察哨，设置了战时中国最早的防空警报网，为反击日军空袭及转移隐蔽赢得了预警时间。

陈纳德经过一番考察后认为，中国空军飞机少，真正能够用于作战的飞机不足百架，而且有些是过时的飞机；飞行人员训练不足，特别是战术训练非常之差。由于航空技术装备不足和陈旧，一些飞行员在初级训练阶段就坠机丧生。他认为中国空军要发展就要添购性能先进的飞机，并加强飞行员的飞行技术、战术训练。

1937年7月抗日战争全面爆发后，美国和英国都不愿意把飞机卖给中国，中国空军因作战损失的飞机得不到补充而陷入被动，装备着新式飞机的日军占有明显优势。战争初期，中国空军几乎全军覆没。在中国空军最困难的时候，得到了苏联政府的援助，中国空军又活跃在各个战场。1940年8月后，日军开始使用性能先进的"零"式战斗机，当时中国空军使用的苏制I-15、I-16战斗机不是"零"式战斗机的对手。日军轰炸机在"零"式战斗机的掩护下深入中国腹地轰炸，中国后方大城市重庆、成都、兰州等地及空军基地经常遭日军空袭。1941年6月，苏德战争爆发后，苏联自顾不暇，已无能力继续为中国提供飞机。中国政府寄希望于美国政府能够向中国提供一支战斗机部队和飞机装备，以抗击日本空中力量。这时日、美关系恶化，为中国政府谋求美国援助带来机会。

1940年11月，陈纳德和航空委员会委员毛邦初从中国去美国，谋求得到一批作战飞机并招募一批飞行人员。陈纳德向美国各界人士介绍了中国抗

1938年陈纳德与在中国空军军官学校的意大利顾问交谈，了解飞行学员的训练情况。

中国从美国招募的第一批志愿人员 14 人，乘"查尔斯"号轮船前往中国。

战的艰巨性和重要性。几经周折，陈纳德关于要美国支持中国抗战的建议终于得到财政部长亨利·摩根索和海军部负责航空事务的次长托马斯·科克兰的支持，并说服了美国总统罗斯福。

1941 年 3 月 11 日，罗斯福总统签署了"租借法案"，根据这项法案，战斗机等武器装备可以作为租借物资出租给中国或其他国家。同年 4 月 15 日，罗斯福总统又签署了一项密令，允许美国陆、海军退役军人及预备役军人参加美国志愿队前往中国。美国政府向中国提供了原先为英国生产的 100 架 P-40B 战斗机，以后以更先进的飞机补偿英国。陈纳德与蒋介石的私人代表宋子文以"中央飞机制造公司"的名义在美国各地招募空地勤人员，其条件是：每人每月工资，飞行员 600 美元，队长 750 美元，机械人员 350—400 美元，每年 30 天带薪金休假，外加每月 30 美元生活津贴。随后，宋子文又规定飞行员每击落一架日本飞机奖给 500 美元。每个志愿人员都必须签约作为中国空军志愿人员，为中国空军服务并受到交战国被俘人员的国际保护。

1940 年 8 月中国空军使用的主要战斗机

波里卡尔波夫 I-15 战斗机：乘员 1 人，1934 年苏联国家航空工业公司制造，机长 6.10 米、翼展 9.75 米、机高 2.92 米，装 700 马力 M-25 型 9 缸气冷星型发动机，全重 1370 千克，最大速度 368 千米 / 小时，升限 9800 米，航程 500 千米，武器 4 挺机枪。

波里卡尔波夫 I-16 战斗机：乘员 1 人，1937 年苏联国家航空工业公司制造，机长 6.07 米、翼展 9.00 米、机高 2.56 米，装 775 马力 M-25B 型 9 缸气冷星型发动机，全重 2054 千克，最大速度 464 千米 / 小时，升限 9000 米，航程 800 千米，武器 4 挺机枪。

1940 年 8 月侵华日军使用的主要战斗机

97 式 / 中岛 Ki-27b 陆上战斗机：乘员 1 人，1939 年日本中岛飞机公司制造，机长 7.53 米、翼展 11.31 米、机高 3.25 米，装 710 马力中岛 Ha-1b 型 9 缸气冷星型发动机，全重 1790 千克，最大速度 470 千米 / 小时，升限 12365 米，航程 1710 千米，武器 2 挺 7.7 毫米机枪、100 千克炸弹。

三菱 A5M4 战斗机：乘员 1 人，1939 年日本三菱重工业公司制造，机长 7.56 米、翼展 11.00 米、机高 3.27 米，装 785 马力中岛"寿"41 型 9 缸气冷星型发动机，全重 1671 千克，最大速度 434 千米 / 小时，升限 9800 米，航程 1200 千米，武器 2 挺 7.7 毫米机枪、60 千克炸弹。

三菱A6M2"零"式战斗机：乘员1人，1940年日本三菱重工业公司制造，机长9.15米、翼展12.10米、机高3.05米，装950马力中岛NK1C"荣"12型14缸气冷星型发动机，全重2800千克，最大速度534千米/小时，升限10000米，航程3105千米，武器2挺7.7毫米机枪、120千克炸弹。

2
战前训练

招募来的空勤人员多数是退役的原美国陆军航空队轰炸机、运输机飞行员，少数是退役的战斗机飞行员；地勤人员也是退役军人，其中有些是非军人出身。他们必须经过严格的军事训练和专业训练，才能够投入战斗。为了便于对招募来的空地勤人员进行训练，陈纳德需要一个日本飞机无法到达、比较安全、有水泥跑道的机场。几经周折，英国同意将修建在距离缅甸首都仰光274千米，位于同古镇一片丛林中的凯德机场租给陈纳德使用。1941年7月，由100名飞行员、50名机械人员和后勤人员组成的第一批美国志愿人员到达凯德机场。不久，第二批美国志愿人员也到达凯德机场。后来陆续从美国运来P-40B战斗机100架，在港口搬运过程中1架掉入海中，实际只运到99架。

缅甸首都仰光附近同古镇的凯德机场，是只有一条跑道的十分简陋的机场，陈纳德就在这里对招募来的飞行人员进行战前训练。

陈纳德经常带飞飞行人员,纠正他们的不合规动作。这是陈纳德在飞机驾驶舱里,风挡前有长筒型瞄准镜。当时空战就是靠长筒瞄准镜瞄准敌机射击的。

美国志愿航空队在凯德基地用树木和茅草搭建的棚子,使人员及飞机减少被烈日暴晒和雨淋。这是一架P-40战斗机检修后正在加油,然后进行试飞。

原美国海军航空兵飞行员约翰·理查德·罗西,在缅甸凯德机场为陈纳德训练招募来的飞行员。这是约翰·理查德·罗西在P-40B战斗机旁留影,当时的战斗机机头和机身还没有鲨鱼牙齿和眼睛及"飞虎"标志。

在凯德基地训练的美国志愿航空队,经常要派人到同古镇采购新鲜食物,以搞好伙食保证训练。

陈纳德认为，让没有训练好的飞行员匆忙上阵，同训练有素的日本飞行员作战，等于让他们去白白送死，所以对志愿队队员飞行训练的要求非常严格。

飞行人员的训练分为两个阶段，第一阶段飞行基础训练：飞行理论课程72小时，基本飞行驾驶术（起落航线、空域飞行、编队飞行、转场飞行）训练60小时；第二阶段战术训练：战术理论课程12小时，战斗课目（空中射击、空中投弹、单机格斗、双机攻击、三机攻击、8—16机编队飞行、紧急迫降）训练20小时。在队员们基本掌握P-40战斗机飞行驾驶技术后，开始空战战术训练，陈纳德多年探索、研究的双机和三机编队协调同作战方法，现在派上了用场。空战战术训练主要是双机和三机编队训练、空中格斗及各种攻击方法；对地攻击主要是打地靶和对各种目标的攻击方法。

美国志愿航空队在凯德基地用竹木搭建的简易指挥塔。陈纳德经常在简易指挥塔上指挥飞行训练。

在凯德基地进行训练的P-40B战斗机，喷有美国陆军航空队1940年以前使用的机徽。

陈纳德亲自为志愿队队员讲授空战战术课。他说，日本飞行员训练有素，作战很勇敢，但缺乏灵活性和主动性，总是按照预定的战术计划投入战斗，而不管空战中发生什么变化，轰炸机编队在被全部击落前，会一直保持队形；战斗机会连续使用相同的战术，不管是否有效。日军严厉的空中纪律造成其固定的战术模式，利用日本飞行员战术上的弱点是可以战胜他们的。陈纳德要求志愿队队员在空战中要千方百计打乱敌人队形，一旦日本飞行员被迫背离了他们的战术，就会陷入困境。他强调必须以己之长，击敌之短。日军"零"式战斗机的长处是爬升快、盘旋灵活，如果在盘旋时与敌机缠斗，日本飞机就会占优势；P-40战斗机的长处是，它的速度比"零"式战斗机快，机体坚固，装有防护装甲和防弹玻璃。陈纳德为志愿队规定，要充分利用P-40战斗机速度快的优点，从高空俯冲攻击并尽快脱离，采取打游击的办法，打了就跑，然后再爬高再次攻击，避免与敌人单机格斗。他还不断告诫志愿队队员们，在空战中绝对不要单独去进攻，因为2机一组的P-40可以胜过6架日军战斗机。陈纳德根据自己多年来对日军空战战术和飞机装备的研究创造的空战战术，在别人看来是一种非正规战术，然而采用这种空中游击战术在以后的空战中却屡屡获胜。经过近半年时间的训练，这支队伍基本上能够参加实战了。

陈纳德与他的飞行搭档进行三机编队空战试验，同时为正在参加训练的飞行员进行精湛的技术飞行和战术表演。

3
成立"美国志愿航空队"

1941年8月1日，美国志愿航空队在缅甸同古镇凯德机场成立，由陈纳德上校（由中国空军任命为上校）任队长，下辖三个战斗机中队，第1中队中队长罗伯特·桑德尔、第2中队中队长杰克·纽科克、第3中队中队长阿维德·奥尔逊，每个中队装备18架P-40B/C战斗机，还有10架备用机。除飞行人员外，志愿队有机械师、军械师、无线电员、叠伞员、厨师、面包师、摄影师、军需官、文书、气象员、医生、护士和1名随队牧师，加上中国空军派赴该队的服务人员，共计240人（编制为270人）。

美国志愿航空队是中国政府出资，编入中国空军序列，装备美国飞机，完全由美国志愿人员组成，由美国人指挥独立作战的航空部队。但重大事情必须请示、报告"航空委员会"（中国空军最高领导机关）。经过一段时间的训练，飞行员们已经能够熟练地驾驶P-40战斗机，空中射击成绩也不错，这支队伍基本具备了空中作战能力。中国空军给美国志愿队的主要任务是：担负昆明地区基地防空，支援前线重要地区防空作战，打击滇缅公路沿线的日军，保障滇缅公路运输。

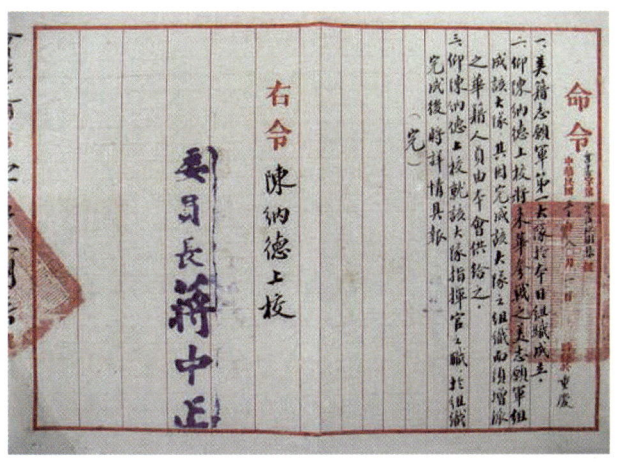

由中国军事委员会委员长蒋介石签发的命令，任命陈纳德为中国空军美国志愿大队指挥官，并授予其上校军衔。

航空委员会秘书长宋美龄（左1）与刚组建的美国志愿航空队司令官陈纳德（左2）在昆明巫家坝机场交谈。

美国志愿航空队组织系统图

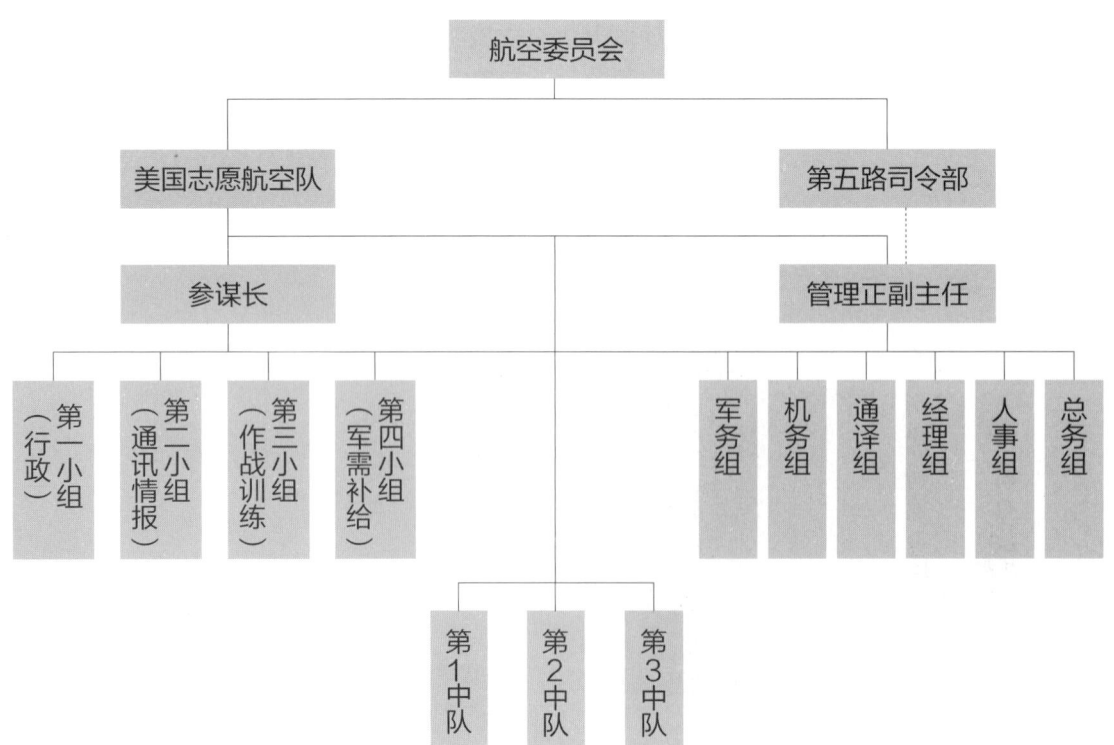

在位于昆明的美国志愿航空队司令部，陈纳德（左4）与各部门负责人合影。

美国志愿航空队司令部的业务部门在昆明驻地办公区挂的牌子

这是一架英国皇家空军的 P-40 战斗机螺旋桨故障修复后在试车，一名机务人员坐在左机翼观察螺旋桨运转情况。这架 P-40 战斗机机头涂有鲨鱼的牙齿和眼睛，美国志愿队的飞行员就是受此启发，在 P-40 战斗机机头涂上鲨鱼的牙齿和眼睛及"飞虎"标志。

P-40E 战斗机驾驶舱，顶端有机枪发射按钮，有简单的飞行仪表，风挡前有原始的光学瞄准具。

P-40 由美国柯蒂斯飞机公司研制，1938 年 10 月首飞，1940 年批量生产，1941 年 2 月开始装备美国陆军航空队，后曾向英国、苏联、中国提供。出口型称"霍克-81A"（Hawk-81A）。美国志愿航空队一开始装备 P-40B/C 战斗机，后来又装备改进型 P-40E/K/N 战斗机。P-40 各型共生产 13000 多架，其特点是结实，能够承受打击；对飞行员保护性能好，风挡后有很厚的防弹玻璃，飞行员座椅后有钢板及防弹自封油箱；火力强，有 4—6 挺 12.7 毫米机枪，射程远、交叉火力强，工作可靠，极少发生故障。P-40 平飞和上升性能都不理想，但俯冲性能还好，即便作垂直俯冲，也不会产生抖震，操纵性能好。志愿队队员看了印度画报上的鲨鱼受到启发，并借用英国皇家空军在非洲的做法，在发动机外罩上绘了一付凶恶的眼睛和一排雪白的

这架绘制的美国志愿航空队 P-40B"战鹰"战斗机，机翼上有中国空军机徽，机身有飞机编号，表示飞机为中国空军所有，列入中国空军装备序列；机头绘有鲨鱼的眼睛和牙齿，机身有一只"飞虎"，可以知道是美国志愿航空队使用的飞机；飞机风挡前机身画有"天使"，表示是第 3 中队的飞机；驾驶舱旁有 10 面日本小军旗，表示该机飞行员曾经击落过 10 架日本飞机。

P-40B"战鹰"（Warhawk）战斗机：乘员1人，1941年美国柯蒂斯—莱特公司制造，机长9.68米、翼展11.38米、机高3.23米，装1040马力艾利逊V1710-33型12缸液冷发动机，全重3450千克，最大速度566千米/小时，升限9875米，航程1500千米，武器1挺12.7毫米机枪。

P-40E"战鹰"（Warhawk）战斗机：乘员1人，1942年美国柯蒂斯—莱特公司制造，机长9.68米、翼展11.38米、机高3.23米，装1150马力艾利逊V1710-39型12缸液冷发动机，全重3760千克，最大速度569千米/小时，升限8840米，航程1360千米，武器6挺12.7毫米机枪、可带炸弹227千克。

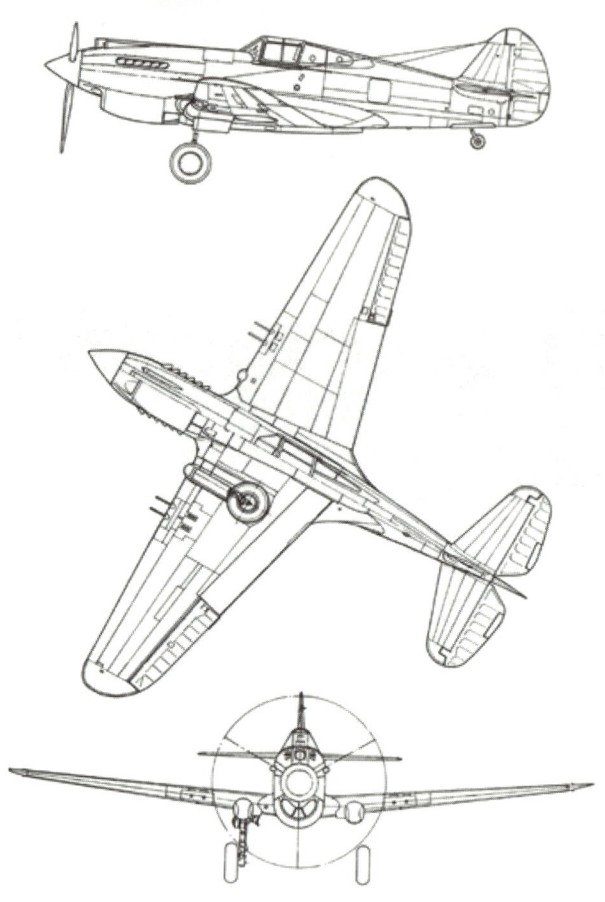

P-40C 战斗机三面图

大牙齿,把突出的机头变成虎鲨的头部。美国志愿航空队的飞机机头都画上鲨鱼的眼睛和牙齿,据说可以震慑敌人。

早在筹组美国志愿队时,在华盛顿的中国防御用品公司的人员曾就志愿队的标志进行过讨论,有的提议用龙,有的提议用鹰。当时在中国防御用品公司负责的宋子文说,"龙"既古老又陈旧,"鹰"为美国空军标志,容易混淆。他建议用"虎"作标志,并引出中国"为虎添翼"古语。他说:"老虎是最凶猛的野兽,当给它加上翅膀,老虎就更加凶猛。传说,一个人吃了剑齿虎的心,他就能获得剑齿虎的胆量和力量。"美国志愿队接受了宋子文的建议,用带翅膀的虎作为该队的标志。美国志愿航空队的队徽及标志都有一只"飞虎",因此人们又把美国志愿航空队称为"飞虎队"。

美国志愿航空队每个中队都有自己的名称,如第1中队称"亚当—夏娃中队"、第2中队称"熊猫中队"、第3中队称"天使中队",并有相应的图案作为队徽喷涂在飞机上。

"飞虎队"(美国志愿航空队)队徽

"飞虎队"标志的原型由美国迪斯尼公司于1942年设计:一只展翼的孟加拉虎从代表着胜利的"V"字中飞扑而出。

美国志愿航空队（飞虎队） | 27

战后由美国"飞虎协会"制作的"飞虎队"纪念标志

美国志愿航空队士兵在战机身上画飞虎标志。

"亚当—夏娃中队"队徽

"熊猫中队"队徽

"天使中队"队徽

4
首战9∶0

日军空袭的主要目标是当时中国唯一的外部供应线——滇缅公路。滇缅公路北端是中国的昆明，南端是缅甸的腊戌，全长959千米，碎石路面，路基宽8—9米，可双向行车，完全是蜿蜒的山路。中国抗战所需的物资先由同盟国经水路运到缅甸仰光，经仰光—腊戌公路，再经滇缅公路运到中国昆明。1941年10月8日泰国投降后，日军在泰缅边境泰国一侧的空军基地部署了战斗机和轰炸机，对滇缅公路的运输构成严重的威胁。日军企图破坏滇缅公路，攻占云南省会昆明，进而攻占"陪都"重庆，达到占领全中国的目的。中国军队和驻缅甸的英国军队都全力以赴保卫滇缅公路，美国志愿队也担负了保卫滇缅公路的任务。陈纳德十分担心日军飞机空袭美国志愿队停在缅甸凯德机场的战斗机，除12架未调试完的P-40战斗机和25名没有完成战斗课目训练的飞行员外，其余的人员和飞机分别紧急转往仰光和昆明。

1941年12月18日，日军飞机突然轰炸昆明。12月19日，陈纳德命令第1、2中队驻防昆明担负云南境内防空作战任务，第3中队留驻仰光协助英军防空作战。12月20日上午，空军前敌总司令部电讯监听台侦测到，日军第82中队10架96式/三菱G3M2陆上轰炸机由越南起飞空袭昆明，没有战斗机掩护。陈纳德命令所有战机都升空迎战。日军之所以这样大胆，说明日军并不知晓美国志愿

同盟国经水路、陆路向中国运送补给物资以及滇缅公路示意图

航空队已于前一天紧急转往昆明。美国志愿队起飞24架P-40B战斗机拦截,在昆明上空展开了激烈空战。日军飞行员突然遭到志愿队的攻击,仓促应战。笨重的轰炸机不是灵活的战斗机的对手,日军轰炸机慌忙丢下炸弹逃跑。这时,双方的队形都乱了,各自为战进行单机混战。空战中,路易斯·霍夫曼瞄准1架轰炸机,击中敌机空中射击员,他再次向敌机射击,敌机很快失去控制……弗雷兹·沃尔夫从高空俯冲下来,在敌编队后上方瞄准1架轰炸机近距离开火,击中敌机油箱,飞机起火爆炸;他很快又瞄准1架轰炸机,轰炸机机尾空中射击员向他开炮,他毫不理会,向敌机发动机射击,敌机立即爆炸。鲍勃·尼尔瞄准1架轰炸机,击中发动机后飞机起火,最后机尾与机身脱离掉了下去。罗伯特·桑德尔与敌机打对头,击中敌机右发动机,敌机冒着火光掉了下去。查尔斯·邦德瞄准1架轰炸机,迅速扣动扳机,可是什么事情也没有发生。原来,由于兴奋他忘了打开保险。他迅速脱离敌机,上升转弯,重新占位,又重新稳定跟踪上刚才那架敌机,瞄准射击,敌机机身被击中,凌空爆炸。埃德·雷克托瞄准1架轰炸机,为了近距离开火,差点和敌机相撞。他猛地推杆钻到了敌机下面,再次撵上那架轰炸机,一个点射击中敌机,这架轰炸机在编队中飞了好长时间才坠落在地。埃德·雷克托又去追赶另1架敌轰炸机,飞了一阵后迷航了,他没有航图,在确定返回基地的航向后就往回飞,最后油料耗尽,在一片麦地迫降,在当地群众的帮助下回到了昆明基地。

日本轰炸机敌不过速度快、攻击力强的P-40战斗机,美国志愿队以9:0的战绩,首开空战纪录。这是日本空中力量两年多来在中国战场首次遭到严厉打击,胜利的消息很快传遍了全中国。因为美国志愿队的飞机上都画有"带翼的虎",当时中国的报刊都称美国志愿队为"飞虎队"。

空战辉煌的战果证明,"飞虎队"的队员们具有"虎"的胆量和力量。这一消息传到美国,美国报刊也报道了志愿队的战绩。抗战期间,由于"飞虎队"战果累累,其名声几乎家喻户晓。

陈纳德和第1、第3中队指挥官研究作战计划。

美国志愿航空队第1中队中队长罗伯特·桑德尔在P-40战斗机旁留影。

美国志愿航空队第1中队（"亚当—夏娃中队"）部分空、地勤人员在凯德机场合影。下蹲者拿着第1中队徽标识，P-40战斗机机头上站着一只队员们饲养的豹子。

美国志愿航空队队员衣服上都有中国"航空委员会"专门制作的救助标识，便于被击落、受伤或迫降时能够及时得到中国军民的救助。

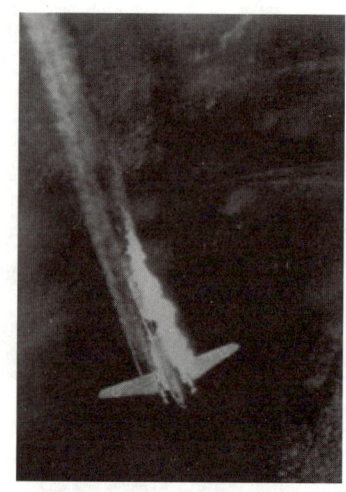

被击中的日军轰炸机拖着浓烟坠向地面。

美国志愿航空队在昆明的基地——巫家坝机场

美国志愿航空队在昆明巫家坝基地的指挥塔

陈纳德在昆明巫家坝机场修建的机库及飞机修理厂

昆明巫家坝机场停放的P-40B战斗机,随时准备升空作战。

中国空军美国志愿航空队司令部在昆明的办公楼

陈纳德的翻译亨利·李中校（左）

陈纳德在昆明美国志愿航空队司令部办公室。办公室只有简单的办公用具及一本台历，窗台上是一部手摇电话机。

1941年12月20日，美国志愿航空队旗开得胜，首战击落日军9架96式轰炸机。

96式/三菱G3M2陆上轰炸机：乘员7人，1937年日本三菱工业公司制造，机长16.45米、翼展25米、机高3.68米，装2×1075马力三菱"金星"41型14缸气冷星型发动机，全重8000千克，最大速度373千米/小时，升限4180米，航程4380千米，武器1门20毫米机炮、4挺7.7毫米机枪、可带炸弹800千克。

首战胜利，极大地鼓舞了志愿队队员，第3中队的队员们簇拥着"天使中队"队徽在P-40战斗机前合影留念。

第 3 中队的机务人员在击落 5 架敌机的王牌 P-40 战斗机旁留影。

中国地勤人员在美国志愿航空队 P-40 战斗机前合影留念。

5
备受赞誉的"飞虎队"

1941年12月21日上午，日军27架轰炸机轰炸了英国皇家空军在缅甸土瓦的前进基地。下午，又有1架日军侦察机在7600米高空对缅甸仰光明加拉顿机场进行侦察。陈纳德立即告诉驻仰光志愿队第3中队的飞行员们，日军近两三天可能空袭仰光明加拉顿机场，要求他们随时做好战斗准备。

12月23日，日军54架97式/三菱Ki-21-11b陆上轰炸机，在12架97式/中岛Ki-27b陆上战斗机和8架三菱A6M2"零"式战斗机的掩护下突袭仰光，美国志愿队第3中队起飞15架P-40战斗机、英国皇家空军起飞18架布里斯托尔"英俊战士"Mk.IF战斗机迎敌。志愿队第3中队起飞后即分为两个小组，分别由乔治·麦克米兰和帕克·杜邦率领，在5000米空中警戒巡逻。日军从泰国曼谷起飞的轰炸机和从泰国达府起飞的战斗机，在马达班湾上空汇合后向仰光飞来。当日军轰炸机抵达仰光上空时，在高空等待的乔治·麦克米兰率领队员立即俯冲下来，猛烈开炮。队员R·T·查理·奥尔德击中敌带队长机，志愿队带队长机乔治·麦克米兰连续击落2架敌机，队员R·T·史密斯击落1架敌机，直到子弹打完。正当乔治·麦克米兰小组与敌机打得难解难分之际，帕克·杜邦小组赶来支援，很快就击落2架敌机。尼尔·马丁带领2架P-40从敌编队侧翼进攻，当尼尔·马丁俯冲接敌时，后上方的3架敌战斗机一齐向他开火，他的飞机被击中，翻滚着栽到地上。尼尔·马丁成为美国志愿航空队在空战中的第一位烈士。经过一番激烈空战，美国志愿队和英国皇家空军编队的油料和弹药都所剩无几，于是两个编队都准备返回基地。日军仗着飞机数量优势，一面追赶美国志愿队和英国皇家空军编队的飞机，一面对仰光城市和明加拉顿机场进行狂轰滥炸，"零"式飞机还对拥挤的街道进行低空扫射。明加拉顿机场跑道及设备被炸坏。这次空战美国志愿航空队击落6架敌机，损失飞机3架，牺牲飞行员2名；英国皇家空军击落7架敌机，被击落11架，牺牲飞行员5名。

1941年12月25日圣诞节，日军出动97式轰炸机60架，在18架"零"式飞机的掩护下空袭仰光，美国志愿队起飞拦截，击落敌机12架。为了减少损失，日军改变了战术，改为夜间袭击。仰光的夜间防空作战任务由英国皇家空军担负，美国志愿队则在白天突击泰国境内的日军机场。1942年1月10日，美国志愿队出动P-40战斗机9架，同英国皇家空军6架飞机空袭了日军在泰国的一个空军基地，击毁敌机24架、卡车3辆，并扫射了敌人部队。2月中旬新加坡陷落后，日军加强对仰光的空袭，每天出动100多架飞机轮番攻击。2月25日，日军地面部队开始对仰光发起总攻，出动

1941年12月23日，在缅甸仰光上空的空战中，日军多架轰炸机被美国志愿航空队和英国皇家空军击落。图为英军正在清理日军轰炸机残骸。

美国志愿航空队第2中队（熊猫中队）飞行员在P-40战斗机前合影。

97式/三菱 Ki-21-11b 陆上轰炸机：乘员3人，1941年日本三菱工业公司制造，机长7.53米、翼展11.31米、机高3.25米，装2×1530马力 Ha-101型14缸气冷星型发动机，全重10632千克，最大速度486千米/小时，升限5000米，航程2800千米，武器1门20毫米机炮、4挺7.7毫米机枪、可带炸弹1000千克。

布里斯托尔"英俊战士"（Beaufighter）Mk.IF 战斗机：乘员2人，1940年英国布里斯托尔飞机股份有限公司制造，机长12.50米、翼展17.63米、机高4.83米，装2×1400马力"大力士"XI型14缸气冷星型发动机，全重9500千克，最大速度516千米/小时，升限8000米，航程1890千米，武器4门20毫米机炮、6挺12.7毫米机枪。

200架飞机协同地面部队作战，美国志愿队和英国皇家空军只有15架飞机应战，经过艰苦奋战，美国志愿队击落敌机12架。26日，日军出动200架飞机再次空袭仰光，美国志愿队只有6架P-40飞机可以参战，空战中美国志愿队又击落敌机12架，自己无一伤亡。27日，美国志愿队被迫撤出仰光，移驻仰光以北400千米伊洛瓦底江畔的马圭基地。

3月21日，日军54架97式/三菱Ki-21-11b陆上轰炸机在20架"零"式战斗机的掩护下，突然袭击了马圭基地，美国志愿队损失6架P-40战斗机。陈纳德在昆明接到这一消息，决定复仇。3月23日，驻昆明的美国志愿队10架P-40战斗机突然袭击了日军在泰国的清迈机场，将40余架日军的轰炸机和战斗机全部摧毁在地面。这时，中国政府又从美国购买了20架改进型P-40E战斗机，交给美国志愿队。因听说志愿队将归并到美国陆军航空队，有些队员不愿再过正规部队的紧张生活而自动离职。到4月中旬，美国志愿队共有空、地勤人员21人，作战飞机36架，正在修理的飞机39架。

陈纳德的志愿队对日军在泰国和缅甸的空军基地进行突然袭击，采取"打了就跑"的游击战术。为此，日军采取报复措施，不断空袭美国志愿队的基地。为了减少损失，志愿队在几个基地之间不停地转移，日军搞不清美国志愿队到底在哪里。同时，在机场放上装满干草的假P-40飞机。当日军发现目标并进行轰炸时，它们就会燃烧起来，使人信以为真。

马圭基地被日军攻占后，美国志愿队移驻中缅边境云南境内的垒允，这里有一座从杭州迁来的飞机修理工厂。4月29日是日本天皇的诞辰日，陈纳德估计日军会在前一天袭击垒允，他命令志愿

1942年3月21日，日军对美国志愿队马圭基地进行大规模空袭，造成不小的损失。

美国画家约翰·肖（John D. Shaw）曾与"飞虎队"飞行员多次交谈，深入了解当时的作战情况，创作了这幅"飞虎队"空袭日军清迈机场的油画，油画下方是"飞虎队"队员的签名。

1942年初，查理·米森海默（Charlie Misenheimer）在昆明巫家坝机场。因连续几次战斗出动都没有获得战果，他显得有些闷闷不乐。

泰国清迈机场，停机坪上被炸毁的日军"零"式战斗机。

1942年4月,昆明巫家坝机场停放的美国志愿队P-40E战斗机。飞机为"飞虎队"标准涂装。

这架志愿队第3中队P-40B战斗机上喷有5面日军军旗,说明他的主人已击落5架敌机。这是第3中队的队员们与战机的主人合影留念。

做好战斗准备。果然，4月28日早晨，日军出动27架97式/三菱Ki-21-11b陆上轰炸机和大批"零"式战斗机攻击垒允基地。志愿队的P-40战斗机早已在空中待战，完成任务后不回垒允，而在芒市一个辅助机场降落。日军飞机在途中遭到P-40战斗机的突然攻击，被击落8架，而志愿队无一损失。当天，日本陆军攻占缅北重镇腊戌，这是滇缅公路缅甸境内的起点。腊戌的陷落，不仅使滇缅公路这一重要国际交通线被切断，也使美国志愿队在垒允的处境十分危急。他们被迫焚毁了正在垒允修理厂修理的22架P-40战斗机，撤退到云南保山、云南驿等基地。

日军攻占腊戌后，沿滇缅公路长驱直入，5月3日占领云南边境重镇畹町。很快，日军已抵近怒江西岸，中国军队在退却时破坏了连接怒江两岸的铁索桥，但日军带有架桥器材，企图架桥强渡怒江。怒江是横在中、缅两国之间的一道天然屏障，如果日军突破怒江天险，敌人将长驱直入进入昆明。怒江上的断桥和陈纳德的"飞虎队"成为日本人通往昆明道路上的障碍。5月4日，日军出动50架轰炸机和战斗机对保山基地进行轰炸，志愿队查尔斯·邦德单机起飞拦截，击落2架敌机。本·福希在登机准备起飞时被日机炸死。5月5日，日机再次空袭保山基地，志愿队起飞9架P-40战斗机拦截，击落敌机9架。5月6日，蒋介石命令陈纳德的美国志愿队全力以赴袭击怒江与龙陵之间的敌军。5月7日至9日，美国志愿队出动P-40C和P-40E各4架，猛烈袭击怒江峡谷中的日军。同时，中国空军也连续出动20余架次战斗机，轰炸、扫射龙陵、芒市、腊戌及怒江西岸的日军，日军伤亡惨重，不得不退回龙陵。此后，日军与中国军队在怒江两岸隔江对峙两年之久，日军没有能够再前进一步。

5月12日，得知日军飞机在越南河内嘉林机场集结，美国志愿队出动10架P-40战斗机突袭，击毁敌机16架。随着战局的变化，日军地面部队向北推进，在缅甸的美国志愿队也逐渐向北面中国云南方向转移。

日军地面部队企图逼近中国进行持久战的关键地点——昆明。陈纳德将美国志愿队的指挥部和基地设在昆明，并调5架P-40战斗机进驻保山，掩护从缅甸撤出的美国志愿队车队；在保山和昆明之间的云南驿设置1个无线电台及1支后勤支队，为过往的P-40战斗机提供后勤支援。

陈纳德关于双机、三机编队（后来发展为四机编队）协同作战的战法，在美国未受到重视，但在中国战场，他却大胆地在实战中运用。考虑到日军在飞机数量上占绝对优势，他根据日军作战特点和双方飞机的性能，制定了利用高度优势俯冲攻击，"打了就跑"的游击战术，在空战中取得了积极战果。从1941年12月到1942年6月，美国志愿队在缅甸、中国、泰国和越南作战7个月，共参战56次，战斗出动1500余架次，击落、炸毁敌机297架（有的资料为219架，其中空中击落171架；日本人报告实际损失89架。战争中，敌对双方公布的战果、损失出入相当大是常有的事），被击落12架、地面损失61架（包括在垒允自行焚毁的22架）。人员伤亡：空战中牺牲4人，被地面炮火击中阵亡6人，地面被炸死3人，被日军俘虏3人，还有15人在飞行事故中殉职。大多数美国志愿航空队队员获得中国政府颁发的勋章，有15名飞行员荣获英国和美国的优异飞行十字勋章；产生了32名王牌飞行员（击落5架敌机的飞行员称为王牌飞行员）。

陈纳德的作战指导思想及空战战术，在后来的一系列空中作战行动中被证明是正确的，并逐渐为美国军方所接受。陈纳德多年来苦心探索、研究，创造的空战战术，在实践中得到了检验，并终于得到了军方正式认可，这是他一生中最大的荣誉。陈纳德曾经说，领导美国志愿队是他一生中最有意义的经历。

美国志愿队在昆明取得首次空战胜利受到世界报刊的广泛关注，后来仰光的空战连续取得胜利，

1942年6月,地勤人员将修复的P-40战斗机用卡车支撑机尾,使飞机保持水平姿态以校正机枪。

中国地勤人员在维修P-40战斗机。

一辆道奇卡车送机务人员到停机坪检修 P-40 战斗机。

担负战备值班的美国志愿队第 3 中队飞行员在飞机旁自娱自乐。机身有 5 面日本国旗，说明座机主人击落 5 架日军飞机。

昆明巫家坝机场警报响起,美国志愿队飞行员奔向战机迅速升空打击敌机。

美国志愿队 P-40 战斗机编队迎战日军轰炸机群。

美国志愿队飞行员执行战斗任务归来,背上都背着降落伞。

更是激起了全世界人们的好奇心。英国首相丘吉尔给英国驻缅甸总督发电报称,"这些美国人在缅甸稻田上空所取得的辉煌胜利,如果不是在规模上,那么在性质上可与皇家空军在英伦空战的肯特果园和酒花田上空进行的空战所取得的胜利媲美。"美国合众社、联合报社、《纽约时报》、芝加哥《每日新闻报》和《时代》、《生活》杂志等新闻机构都派记者到昆明采访陈纳德和美国志愿队。他们每发表一篇报道,"飞虎队"的传奇色彩就增加一层。志愿队人员曾听到旧金山 KGEI 电台播发的一篇评论,称"飞虎队"是世界上作战最勇敢的部队。这家电台还专门用 10 多分钟时间宣传"飞虎队"的战绩,使"飞虎队"队员感到无比自豪。

这些曾为中国抗战作出过贡献的美国志愿队队员们,曾长期为自己的名誉和待遇问题而困扰。当时美日尚未宣战,美国志愿队是由非官方机构出面组建,队员们秘密抵达中国,以中国政府雇用的志愿人员名义参战。战争结束后,美国政府认为该组织与政府毫无关系,因而这些人不能享受退伍军人的待遇。经过长达 40 多年的抗争,终于在 1991 年 7 月,美国国防部的一个特别委员会裁定:美国志愿队 1941 年赴中国是"执行作战任务",并"从美国参战之日起归属美国武装部队统辖",因此,志愿队队员应被视为美国军人。虽然这时志愿队军人只有 26 人还健在,但第二次世界大战留下来的一桩积案总算有了公正的结论。中国人特别是经历过抗战时期的中国人,都为他们感到高兴。

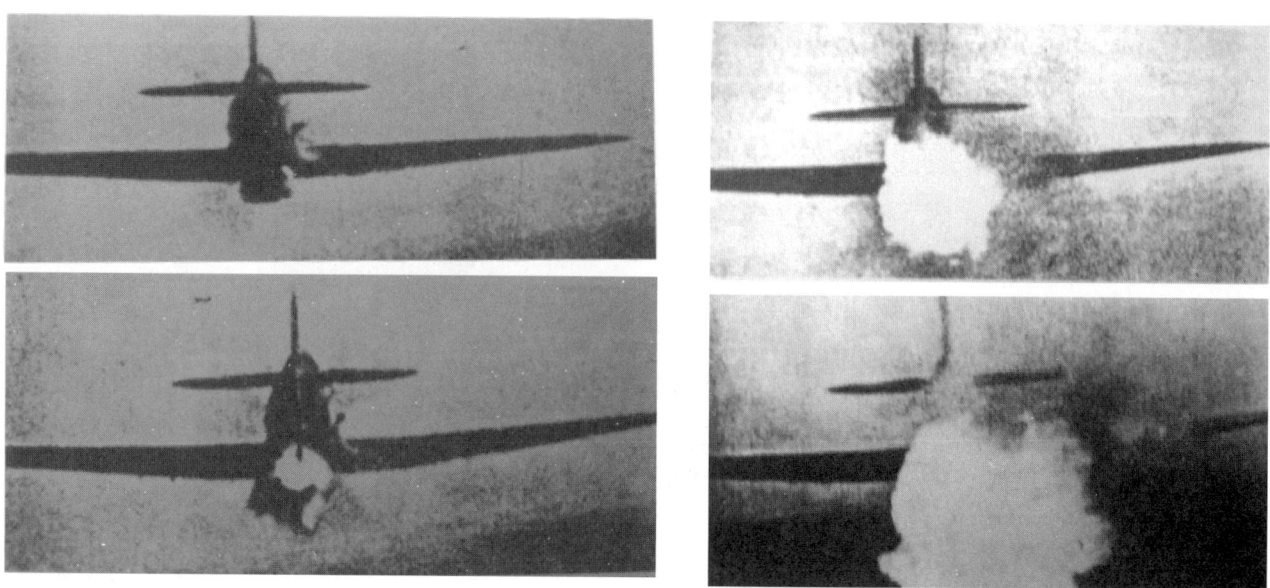

美国志愿队一架 P-40 战斗机与日军战斗机打对头，另一架飞机的飞行员拍下击中敌机瞬间的连续照片。

美国志愿队一架受伤的 P-40 战斗机，着陆时滑跑速度过快拿了大顶。机务人员正在用绳索准备将翘起的后机身拉下来。

1941年12月，美国志愿队机务人员在昆明巫家坝机场维修P-40战斗机。平时，飞机都用伪装网覆盖，使敌机不易从空中发现。

陈纳德与云南省主席龙云私交甚好，所以他在云南可以说有求必应。图为1943年（前排左起）美国总统特使赫尔利、中国军事委员会参谋长何应钦、盟军中国战区参谋长兼中缅印战区美军司令史迪威和龙云、陈纳德及中国远征军主要将领等在昆明合影。

中国航空委员会秘书长宋美龄（左手拿花者）到昆明慰问取得丰硕战果的美国志愿队。

中国政府为美国志愿队有功人员颁发勋章，表彰他们的英勇业绩。队员们个个喜笑颜开。

美国志愿队第3中队两名飞行员获得勋章后特意在P-40战斗机旁照相留念。

美国志愿队第3中队的罗伯特·史密斯在他的P-40战斗机旁留影。史密斯军帽上是中国军队帽徽，皮夹克上有第3中队"天使"标识。

美国志愿航空队人员在P-40战斗机前合影留念，站立者：汤姆·海伍德和阿维德，坐地者（从左至右）：R·T·史密斯、肯·杰恩斯代德、罗伯特·普雷斯科特、C·H·劳克林和威廉·里德。

陈纳德和"飞虎队"

这是一位私人收藏家收藏的一架完全按照当年"飞虎队"涂装的P-40战斗机。从飞机涂装可以看到机身有"天使"标志,应该是美国志愿队第3中队的1架P-40B战斗机;驾驶舱旁涂有7面日本国旗,说明这架飞机的飞行员曾经击落7架日本飞机。这架P-40B战斗机不时出现在各种航空展览会上,有时还进行飞行表演。据说这种飞机全世界已不足10架,十分珍贵。

美国志愿航空队（飞虎队） | 51

6
"只有志愿队才是'飞虎队'"

美国对日本宣战后,"美国志愿航空队"被收编为美国陆军第十航空队第 23 战斗机大队(美国驻华空军特遣队),后又扩编为美国陆军第十四航空队,均由陈纳德任指挥官。另一支在中国空军编制序列的中美空军混合团,也是由陈纳德指挥。这些部队的战斗机甚至轰炸机,有的仍然涂有鲨鱼牙齿和眼睛及"飞虎"标志,民众及媒体把这些部队都称为"飞虎队",有些甚至把参加过"驼峰空运"的机组人员也称为"飞虎队员"。

世界反法西斯战争和中国抗日战争胜利结束后,援华的美国军人陆续回国。这些老兵常常回忆起当年的战斗岁月,自发成立各种协会,举办联谊活动。原中国空军美国志愿航空队老兵组成了"飞虎协会";原美国陆军第十四航空队老兵组成"第十四航空队退伍军人协会",绰号"中国通"。

第十四航空队退伍军人协会在当地报纸上做宣传时,常常称他们的队员为"飞虎队员"。第十四航空队退伍军人协会在一次会议上还决定将该协会命名为"第十四航空队飞虎队协会"。对此,"飞虎协会"主席约翰·理查德·罗西(又称迪克·罗西)等人认为"飞虎队"的名字被侵权了,因而坚决反对第十四航空队退伍军人协会使用"飞虎队"名称。第十四航空队退伍军人协会主席查尔斯·斯通也不同意这一提案,但是多数会员认为他们可以使用"飞虎"这个名字,最后提案还是被通过了——人们很难抗拒"飞虎队"这个词所具有的名声、魅力、性感及名扬四海的内涵意义。因为志愿队老兵没有将"飞虎队"名称注册,所以即使打官司,胜算的可能性也不大。

"飞虎协会"主席约翰·理查德·罗西曾经就"飞虎队"名称的问题问过陈纳德将军,陈纳德非常明确地说:"只有志愿队才是'飞虎队'。"陈纳德还说,志愿队和第十四航空队这两个协会出现如此严重的分歧和矛盾,让他感到非常痛心。后来,有些人试图做工作让第十四航空队退伍军人协会放弃为称他们自己为"飞虎队"所作的努力,但没有成功。后来,还是第十四航空队退伍军人协会的领导人比较明智,最终放弃了该协会加"飞虎队"称谓的做法,只用"第十四航空队退伍军人协会"这块牌子。陈纳德将军在天之灵得到这一消息,一定会感到非常欣慰。

今天,中国人通常把当时来华帮助中国抗战的美国志愿航空队、美国陆军第十航空队第 23 战斗机大队和第十四航空队都称为"飞虎队",甚至连陈纳德将军指挥的中美空军混合团也称为"飞虎队"。而实际上,"飞虎队"一词是专指最早来华参战的"美国志愿航空队"(American Volunteer Group,简称 AVG)的。陈纳德将军指挥的美国

1942年6月4日，在中国空军美国志愿航空队即将归并入美国陆军第十航空队之际，中国军事委员会委员长蒋介石（右2）和夫人宋美龄（右3）设宴款待陈纳德（左2）及"飞虎队"其他主要指挥官，感谢他们在保卫重要目标及支援地面部队作战中取得的辉煌战绩。

陆军第十航空队第23战斗机大队，以及后来的第十四航空队，当时在中国都没有被称为"飞虎队"；陈纳德将军指挥的中美空军混合团，也没有被称为"飞虎队"。

现在，"飞虎队"被泛指抗日战争期间陈纳德将军领导和指挥的空中力量——美国志愿航空队、美国陆军第十航空队第23战斗机大队（美国驻华空军特遣队）和美国陆军第十四航空队，以及中美空军混合团。也就是说，美国陆军第十航空队第23战斗机大队和第十四航空队，以及中美空军混合团，是广义上的"飞虎队"。

这就是历史。让我们记住历史！

02

陈纳德和"飞虎队"

第十航空队第23战斗机大队

1941年12月7日,日军突然袭击美国珍珠港。第二天,美国对日本宣战,太平洋战争爆发。美国军方决定将中国空军序列中的美国志愿航空队收编为美国陆军第十航空队第23战斗机大队。陈纳德晋升为美国陆军准将,领导第十航空队第23战斗机大队继续打击日本侵略军。

陈纳德与第十航空队司令克莱顿·比斯尔一直不和,两人不断发生摩擦。陈纳德认为使用"第23战斗机大队"的番号不利于宣传及震慑敌人,按照美军独立执行战斗任务的部队可以称为"特遣队"的习惯,遂将第十航空队第23战斗机大队对外称为"美国驻华空军特遣队"(实际上,美国于1947年7月26日才正式组建独立空军)。所以,当时的报纸杂志上会出现"第23战斗机大队"和"美国驻华空军特遣队"两个名称,其实是同一支部队。

1
组建第23战斗机大队

1941年12月7日，日军突然袭击美国珍珠港，使美军遭受重大损失，引发美国对日本宣战。陈纳德领导和指挥的在中国作战的美国志愿航空队，不再仅仅是为中国而战，也是为美国而战。

日军为向南亚地区扩张侵略，将侵华陆军航空部队大量抽调南移，海军航空部队全部南移，陆军航空部队在华仅剩270架飞机。因此，日军航空部队在中国战场的攻击力大大减弱。美国自对日宣战后，为减轻太平洋地区压力，积极向中国提供军事援助，使中国军队在大陆牵制日军。

鉴于美、日两国已经开战，美国政府决定将陈纳德的志愿队并入美国陆军航空队。1942年4月9日，根据美国国防部的命令，陈纳德由退役上尉晋升为临时上校（陈纳德任美国志愿航空队上校指挥官，其上校官衔是中国航空委员会任命的）；4月16日又晋升为准将。

当时，美国陆军第十航空队驻印度新德里，其部队分散在印度各地。1942年6月，第十航空队司令路易斯·布里尔顿少将奉命带领部分重型轰炸机和运输机前往中近东地区支援英军，防止德国隆美尔的机械化部队突破英军防线，占领苏伊士运河。路易斯·布里尔顿走后，由他的参谋长厄尔·内登任第十航空队司令。后因厄尔·内登回美国治病，8月18日，又由中缅印战区指挥官约瑟夫·史迪威的空军顾问克莱顿·比斯尔接任第十航空队司令。

7月4日，美国志愿航空队正式宣布解散，并入美国陆军第十航空队，成为该队下辖的第23战斗机大队。第23战斗机大队下辖第74、75、76中队，包括"借用"第十航空队第51战斗机大队的第16战斗机中队，共四个中队。第十航空队第51战斗机大队的第16战斗机中队驻印度，因雨季被困在阿萨姆河谷，整个夏季飞机无法进行战斗。陈纳德采用每次邀请第16战斗机中队的1架飞机到中国来"体验战斗生活"的办法，在6、7两个月期间，把第16中队的全部人马从印度"骗"到重庆白市驿机场，再也没有让他们回归建制。第16战斗机中队与第23战斗机大队的第74、75、76中队并肩战斗，直到战争结束。后来，第23战斗机大队又配属了装备B-25A的第11轰炸机中队。

第23战斗机大队的5个中队，分布在从云南西南部的云南驿、昆明直到广西的桂林和湖南的衡阳、零陵，长达2000千米的空域内，形成了东西两个作战空域。在昆明和云南驿基地的2个中队是以防御为主，保卫"驼峰航线"，监视越南和缅甸两个方向的日本飞机。东部经常驻有2—3个中队，以进攻为主，作战范围北起武汉，沿长江航线到南昌，南达广州、香港。新成立的第23战斗机大队，除陆军第十航空队给予少量装备补充外，其主要装

美国陆军第十航空队的标志。因陈纳德还是希望有一支由他自己指挥的独立航空部队，加之他与克莱顿·比斯尔之间有矛盾，因此，他对第十航空队的标志不感兴趣。在他的驻地看不到第十航空队的标志。

为了继承和发扬美国志航空愿队的"飞虎"精神，陈纳德请人设计了象征"飞虎"精神的标志。不论是美国陆军第十航空队第23战斗机大队，还是后来的美国陆军第十四航空队，都一直使用这种标志。

第23战斗机大队成立之初，陈纳德准将（中）与两名高级助手文森特（左）和布鲁密克在一起。

第23战斗机大队飞行员埃里克·希林、比尔·巴塞林、弗兰克·阿德金斯、乔·罗伯特、帕比·帕克斯顿等在一起。

第 23 战斗机大队在云南开辟的野战机场，一架执行任务归来的 P-40 正在滑向停机位置。注意，原来的中国空军机徽已经换成美国陆军航空队机徽。

地勤人员在为第 23 战斗机大队的 P-40K 战斗机装子弹，6 挺 12.7 毫米机枪一次需要装 1686 发子弹。

这是陈纳德从第 51 战斗机大队"骗"来的第 16 战斗机中队的飞行员,与涂有鲨鱼眼睛和牙齿的 P-40 战斗机合影。

备还是原志愿队的 31 架 P-40C 和 20 架 P-40E 战斗机,共 51 架;基本上是陈纳德的美国志愿队原班人马,所以仍由陈纳德担任指挥官。该大队对外则称"美国驻华空军特遣队"。

美国驻华空军特遣队虽然仍由陈纳德领导,但已脱离了中国空军序列和指挥系统,成为与中国空军并肩作战的盟国部队。这时,滇缅公路已遭日军破坏并被日军所控制。中国抗战所需的物资,包括美军所需的作战物资,完全由"驼峰航线"空中运输。美国当时的战略重心在欧洲,国防部根据亚洲战场特别是中国战场的情况,制订了第十航空队第 23 战斗机大队人员编制和武器装备,并明确了主要任务:

1. 保卫"驼峰航线"空中补给线正常飞行;

2. 有效地歼灭在中国境内的日军飞机;

3. 破坏日军在中国境内及泰国、印尼、缅甸、台湾等地的基地和设施;

4. 袭扰日军在长江、黄河及中国沿海的海上运输线;

5. 袭击日军后方补给点及飞机制造厂,削弱日军的战斗力。

第23战斗机大队飞行员（左起）约翰·艾力逊、大卫·李·希尔、埃贾克斯·鲍尔、迈克·米切尔合影。新成立的第23战斗机大队已脱离了中国空军序列和指挥系统，但仍然使用原来志愿队的飞机。图为该大队飞行员在P-40战斗机前留影，机身上原中国空军的机徽来不及换成美国陆军航空队的机徽，暂时被用"虎"的图案盖住。

当时用来临时覆盖P-40战斗机机身中国空军机徽的"虎"图，后来成为第23战斗机大队的标志。

美国志愿队改编为美国陆军第十航空队第23战斗机大队后，由于供应短缺及所有P-40飞机的发动机寿命已到大修期等原因，影响了战斗出动，到1942年9月底，美国驻华空军特遣队仅剩下38名飞行员、34架能使用的飞机，汽油也只够使用两天。美国驻华空军特遣队与日军航空部队在数量上的差距正在拉开。其对手日军航空部队拥有200多架飞机。陈纳德对付日军的办法是适时有效地主动发起攻击，采用游击战术——"打了就跑"，进行奇袭和机动作战。尽管日军在飞机数量上占优势，但陈纳德却在空战战术上占优势。因而，美国驻华空军特遣队在与日军作战中，仍然能够不断取得胜利。

第23战斗机大队第74中队的哈林·维多维奇（Harlyn S. Vidovich）上尉，共击落3架日军飞机。1944年1月18日在恶劣气象中执行战斗任务时不幸牺牲。

第23战斗机大队的标志，是在中国空军机徽上加一只飞虎，再加上有美国国旗元素的礼帽构成。陈纳德以此表明：第23战斗机大队是在中国空军美国志愿航空队基础上组建的，继承了"飞虎精神"。

第23战斗机大队飞行员衣服上也有中国"航空委员会"专门制作的救助标识。

第 23 战斗机大队第 75 中队的飞行员在 P-40 战斗机旁合影。

1942 年初在昆明基地，第 23 战斗机大队指挥官陈纳德准将在看简报。

飞行员们开着吉普车从机场回宿舍。

到了10月份,情况有所好转。美国陆军航空队给该队补充了20名曾在巴拿马飞行过一年的有经验的战斗机飞行员和60名轰炸机机组人员,以及20架P-40K战斗机和12架B-25A轰炸机。

1942年7月中旬开始,为摸清美国陆军第十航空队第23战斗机大队的实力,以便评估其作战能力,日军对陈纳德的主要军事基地进行航空照相侦察,并连续出动小规模轰炸机和战斗机联合编队进行突击,即"火力侦察"。对于日军飞机来袭,陈纳德命令起飞战斗机拦截。日本飞行员不是美国飞行员的对手,几个回合日机就招架不住,慌忙逃逸。同时,陈纳德连续几天从昆明基地起飞3架B-25轰炸机、从衡阳基地起飞6架P-40战斗机掩护,攻击汉口、南昌、广州的日军目标。这就是陈纳德的"你打你的,我打我的"战术。小兵力突击袭扰使日军疲于应对,处处提防美军飞机。日军始终没能搞清第23战斗机大队真实的实力及作战能力,对于陈纳德的战术更是丈二和尚摸不着头脑。

美国陆军第十航空队第23战斗机大队虽然规模较小,但却是一支高度机动、攻击力强的空中突击力量,能够在48小时内对中国境内的任何目标发动攻击;其指挥机关也具有机动性,可以由一架C-47运输机运载司令部参谋人员,在飞机降落后1小时展开对部队实施指挥。

陈纳德领导、指挥的航空部队能够大量歼灭日军作战飞机,靠的就是出其不意的机动作战。1942年11月22日,第23战斗机大队第75、76中队12架P-40战斗机,第11中队10架B-25轰炸机从昆明转场到桂林基地,次日从桂林基地出动,对日军停泊在越南东京湾的运输船只发动攻击,并对海防的一座日军兵营进行轰炸、扫射。24日,又从桂林基地出动8架B-25轰炸机、10架P-40战斗机,对日军在广州附近的天河机场发动攻击。编队到达广州上空时,遭遇8架日军战斗机拦截。在击落2架日军战斗机后,编队袭击了天河机场,击毁日军停放在地面上的12架战斗机和轰炸机,炸毁一座飞机修理厂。空袭天河机场后,编队即转飞到湖南衡阳基地。25日,第23战斗机大队从衡阳基地出动6架B-25轰炸机、8架P-40战斗机组成混合编队,对日军占领的湖北咸宁、鄂城和汉口等目标进行突袭,炸毁日军多座给养仓库及机场油库。25日夜间,又从衡阳基地出动5架P-40战斗机,突然袭击日军汉口机场和码头,给日军造成不小的损失。这次连续作战行动结束后,机群又转场回到桂林基地。27日中午,第23战斗机大队从桂林基地起飞14架B-25轰炸机和21架P-40战斗机,伴装向香港逼近,然后突然转向广州,打了日军一个措手不及。B-25轰炸机袭击广州码头,击沉两艘日军货轮;日军从天河机场起飞45架战斗机与P-40战斗机空战,被击落8架。

美国驻华空军特遣队虽然隶属美国陆军第十航空队,但后勤供应却很不及时。为了补充供应问题,陈纳德常与掌握物资供应大权的中缅印战区司令史迪威和第十航空队司令比斯尔之间发生摩擦。陈纳德曾向美国总统罗斯福要求补充150架作战飞机。

日本陆军航空队三菱97式（Ki-21）重轰炸机编队空袭衡阳基地途中。

第23战斗机大队的飞行人员执行战斗任务归来，认真总结战斗经验教训，以利再战。

他认为，如果因作战损失的飞机能及时得到补充，并授予他全权指挥中国境内的航空部队作战，他能在6—12个月内击败日军空中力量。他还建议使用重型轰炸机从中国东部出发直接轰炸日本本土，摧毁日本工业设施，削弱其战争潜力，为最终战胜日本创造条件。

当时没有专门的防空部队保卫机场，陈纳德就用德国制造的7.9毫米机枪作为防空武器。这是对空试射，对机枪进行校正以提高命中率。

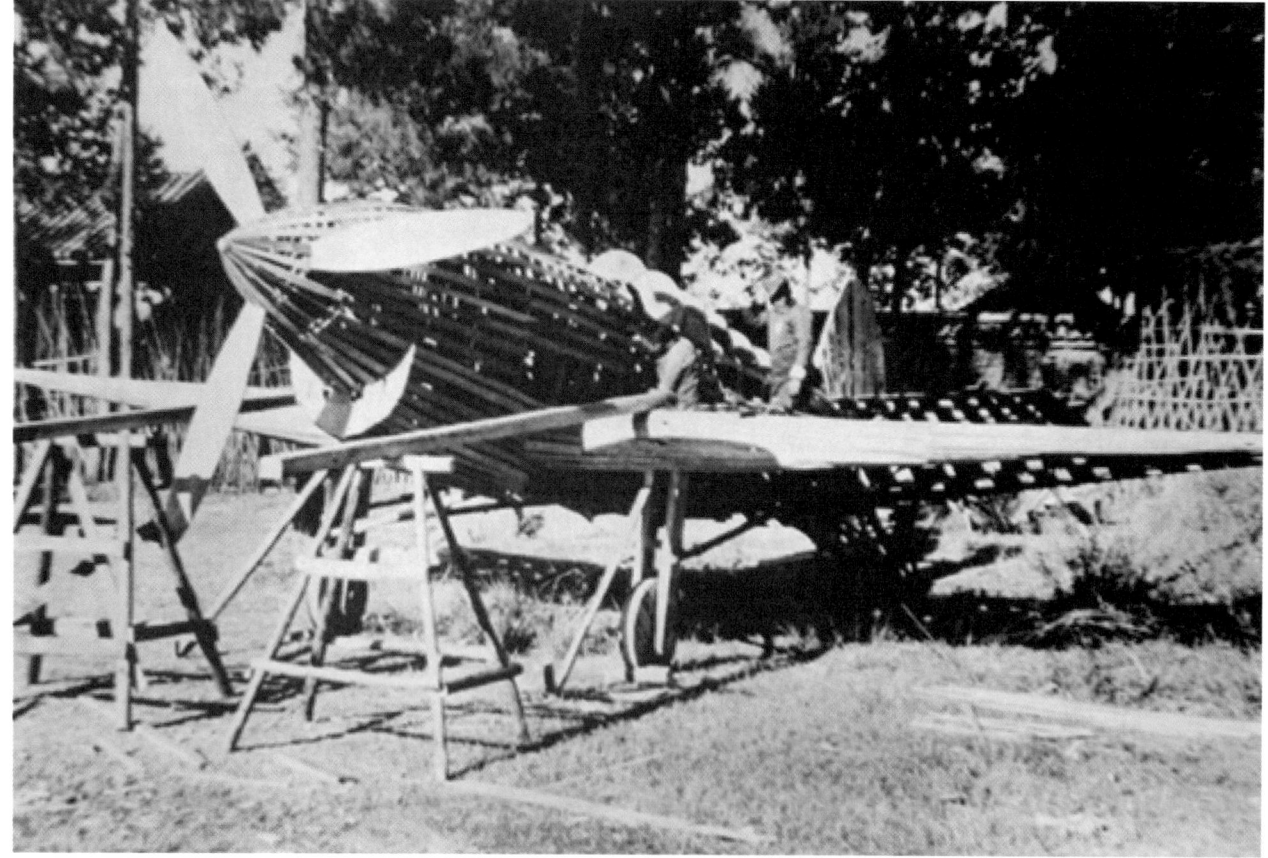

当日军侦察机侦察到某机场有不少P-40战斗机时，赶紧通知日军轰炸机出动轰炸。这时，陈纳德将P-40战斗机转移到其他机场隐蔽起来，摆上用竹木制做的假飞机，任由日军轰炸，浪费其炸弹。同时用高射武器对空射击，往往能够打掉日军轰炸机。图为美国陆军第十航空队第23战斗机大队正在制作的假飞机，罩上蒙布刷上漆能够以假乱真。

陈纳德（左2）陪同美国陆军第十航空队司令官克莱顿·比斯尔（左3）检查维修完毕的P-40战斗机。

陈纳德与蒋介石夫妇。蒋介石夫妇对陈纳德全力支持，使得陈纳德的工作十分顺利。陈纳德说，他在中国这段时间总的来说是愉快的。

第十航空队司令克莱顿·比斯尔（右）准将到第23战斗机大队视察，在昆明基地会见陈纳德（中）准将及第23战斗机大队的罗伯特·斯科特上校。

2
广建机场实施机动作战

为了对日军实施机动作战，以及遇日军大规模空袭时便于人员、飞机迅速疏散隐蔽，合理部署兵力，陈纳德在中国政府的支持下，以昆明为大本营，先后在云南省内修建、扩建了28个机场，又在广西、四川、湖南等地新建、扩建机场，将作战空间逐步向中国东南部和西南部推进。陈纳德将所属部队分散配置、集中使用，对日空中作战形成局部优势，有利于打击日军空中力量。中国军民全力以赴，积极筹措工具、物资，支援美军修建、扩建机场。这些新建、扩建的机场，在与日本航空兵的作战中发挥了重要作用。

云南省陆良县距离省会昆明约80千米，原是一块十分荒瘠的红土平原，南盘江的源流携带着重浊的泥沙经由这里向黔桂流去。陆良城西的江面上，有一座雄伟的石桥叫"西桥"，陆良机场就建在这座桥畔。修建机场由当地政府全面负责，占地、拆迁、移坟、招工等工作都要按时完成，同时派出技术力量负责机场修建的技术指导和质量把关。陆良机场不仅规模较大，而且质量好。机场有5条跑道，最长的跑道达3200米，最短的也有2000米。机场最高建筑是塔台，场内房舍林立、道路纵横，有陆良基地司令部，下设作战指挥室、情报室、电信室、气象室，以及修理厂、军需物品供应处。还有物资储藏库、油料库、弹药库、军械库、航材库等，有设备完善的野战医院、军人俱乐部。机场竣工后，进驻了大批美军B-24、B-25轰炸机，P-40、P-51战斗机以及C-46、C-47运输机。战争后期，B-29战略轰炸机也进驻陆良机场。陆良机场不仅是作战部队的基地，也是美军空运部队的重要基地，由于进驻人员多、飞机多，总是一片繁忙景象。

这是一组中国军民帮助陈纳德领导的航空部队修建机场、值班室、宿舍、俱乐部等的照片，从中可以看到中国民众与"飞虎队"密切合作的深厚情谊。拍摄这些照片是当时在中国的美国军人，为中国人民和美国人民留下了珍贵的史料。

第23战斗机大队停放在陆良机场的P-40战斗机

陆良基地的营区,有指挥室、情报室、电信室、气象室,有物资供应处、修理厂、器材库,以及空地勤人员宿舍、餐厅、俱乐部等。

陆良机场修建过程中,当地村民拉着石碾碾轧道面。

修建云南羊街机场的村民用木夯夯地,旁边有中国军人和美国军人督导施工。

美军人员体验为修机场备料,用铁锤敲碎石头,再用筐抬碎石。

建成后的云南羊街机场

美军羊街基地照相室，一位村民在给水箱加水，供冲洗胶片和照片之用。照相室每天要洗印大量的航空侦察照片和检查轰炸效果的照片，用水量很大。

正在修建的美军羊街基地值班室，土坯砖墙、木板房顶。

民工们在为修建羊街基地宿舍备料。

羊街基地美国军人俱乐部,是驻地美军休闲娱乐的地方。

美军羊街基地待修的汽车

美国红十字会慰问团的队员在羊街机场一架轰炸机前合影留念。

云南羊街机场与印度汀江机场通航,这是美国客机上的空乘人员在羊街机场一架 P-40 战斗机前合影留念。

云南祥云县民众加班加点扩建、翻修云南驿机场。

原云南驿机场机库,早已破烂不堪。

原云南驿机场路边遗留的飞机

原云南驿机场路边遗留的缴获日军的战斗机

云南腾冲民众正在修建腾冲机场。

当年的云南丽江机场是一座草地简易机场,这是一架 C-47 运输机刚降落在丽江机场。

位于滇池旁的昆明呈贡机场

云南沾益机场

广西桂林秧塘机场

秧塘机场停放的 P-40 战斗机

江西遂川县当时对外交通极不发达，孤立的环境使得对出入县境的管制比较容易执行，有利于机场施工期间保密，因此遂川机场被称为"隐蔽机场"。三面环山有利于抵挡日军的侵犯——日机难于从这三个方向作低空扫射和投弹，而东北面遂川江的出口正好作为飞机起降的方向，在山头设置空防高炮，又比较易于打击来袭日机。关于遂川机场的修建，曾有一位美国人风趣地描述说：在中国各地，密集得像蚂蚁般的人群，分工合作地把泥土、岩石、石灰和他们的汗水，融合成了一条五千呎（约1650米）长的跑道，期待着尚未在洛杉矶和水牛城出厂的飞机。把成千上万的中国民工比喻成蚂蚁，似乎不太合适，但也许这就是他在高空飞行时俯视地面所看到的真实场面。遂川机场1943年秋竣工后，陈纳德把这里作为支援中国地面部队作战的前进基地，各种轰炸机、战斗机、侦察机、运输机不断进驻，为打击日军发挥了重要作用。

美国陆军第十四航空队的飞行员们1944年在遂川基地过圣诞节。

3
体验"战斗生活"

报纸、杂志、电台等媒体连续不断地报道陈纳德与"飞虎队"的事迹，使美国军人和民众对陈纳德与"飞虎队"有了比较深刻的认识。陈纳德领导的"飞虎队"，人员不多、装备也不算好，在中国战场上与装备数量多、飞机性能比较好的日军作战，取得了丰硕的战果，极大地鼓舞了美国军民。在人们的心目中，陈纳德是英雄，"飞虎队"是英雄的战斗集体。特别是陈纳德的非正规游击式空战战术，更是吸引了许多飞行员，都想到"飞虎队"亲身体验一番"战斗生活"。

罗伯特·斯科特上校，美国西点军校毕业，后加入美国陆军航空队学习飞行，飞过好几种机型，具有长时间驾驶战斗机飞行的经历。后来他调入陆军航空运输队，驾驶C-47运输机飞越驼峰航线，向中国运送作战物资。他曾经与"飞虎队"的队员们一起进行过战斗飞行，很早以前就想加入"飞虎队"这个战斗集体。后来，他调入美国驻华空军特遣队，终于如愿以偿。在美国驻华空军特遣队，罗伯特·斯科特很快成为陈纳德的得力助手并取得丰硕的战果。

第23战斗机大队第74中队的全体空、地勤人员合影

美国陆军第十航空队第 23 战斗机大队首任大队长罗伯特·斯科特（Robert Scott）上校，在中国战场共击落 13 架日机，可以称得上是双料王牌飞行员。1943 年 2 月斯科特服役期满回国，由布鲁斯·哈洛维中校接任第 23 战斗机大队大队长。

第 23 战斗机大队第 76 中队中队长布鲁斯·K·哈洛维少校（左，后接任第 23 战斗机大队大队长）与飞行员约翰·隆德上尉。1942 年底，约翰·隆德在一次空战中阵亡。

第 23 战斗机大队在昆明基地的地勤人员在简陋的木架上维修飞机部件，后面 P-40 战斗机的机身已换上美国陆军航空队 1942 年使用的机徽。

军械员使用简易吊架将 P-40N 战斗机吊起成水平状态，以便校正机枪。机身已换上美国陆军航空队机徽，左机翼上有三挺机枪。

B-25A"米切尔"（Mitchell）中型中程轰炸机：乘员5人，1941年美国北美航空公司制造，机长16.48米、翼展20.60米、机高4.80米，装2×1700马力莱特R-2600-9"塞克隆"型14缸气冷星型发动机，全重12292千克，最大速度507千米/小时，升限8230米，航程2170千米，武器5挺12.7毫米机枪、可带炸弹1360千克。

第23战斗机大队飞行员在空战中击落日军战机并缴获日军出征旗。

第 23 战斗机大队第 11 轰炸机中队的空、地勤人员 1942 年夏天在昆明与 B-25H 轰炸机合影。

在桂林基地的第 11 轰炸机中队的 B-25H 轰炸机正在加油,准备轰炸日军阵地。

由于"飞虎队"名声在外,许多美国飞行员都向往成为一名"飞虎队"队员。所以新补充来的飞行员积极性很高,很快就适应了新的环境和新的生活。他们对陈纳德提倡的"打了就跑"的游击战术和"俯冲攻击"方法非常感兴趣,都想亲自试一试。在飞行训练和实战中,这些飞行员很快就掌握了这些战术和方法,在战斗中都取得了很好的战果。

面对处于优势的日军,陈纳德总是在思考如何以己之长击敌之短,不断改进战术手段,更有效地打击日军。日本经过改进的"零"式战斗机高空性能比较好,而P-40战斗机最适宜的飞行高度在4500—5500米,超过6000米,其作战效能就会大大降低。陈纳德设计了这样一种战术,用第11中队的B-25A轰炸机作为诱饵,在4500米高度进行轰炸,而将P-40战斗机集结在5500米高度待战。这样,日本"零"式战斗机为了攻击美国轰炸机,势必会牺牲高度上的优势,低飞到P-40战斗机最佳战斗高度上来。

为了使日本飞机落入"陷阱",美国驻华空军特遣队需要进攻一个迫使日军不能不防守的重要目标,这个目标最后选定为香港。1942年10月24日,由第75中队中队长大卫·李·希尔率领10架P-40K战斗机,掩护12架B-25A轰炸机从桂林起飞轰炸香港。日本广播电台曾对香港市民说,美国轰炸机没有什么可怕的,因为飞机是由一个衰老不堪的运输机飞行员海恩斯驾驶的。加勒伯·海恩斯被日本人的嘲弄激怒了,他自己掏钱印制了用中文和日文书写的"这些炸弹就是那个衰老不堪的运输机驾驶员海恩斯赠送的"传单,同炸弹一起投到香港。12架B-25A轰炸机投完炸弹准备返航时,日军从广州方面起飞26架"零"式战斗机追赶美国轰炸机。在高空担任护航的10架P-40K战斗机背着太阳冲向"零"式战斗机群,打乱了日机编队。经过一场激烈的空战,美国驻华空军特遣队损失1架B-25A轰炸机,而中国情报部门及日本电台都证实日军损失12架"零"式战斗机。这次轰炸香港的作战行动,是陈纳德轰炸机和战斗机混合编队空战战术的最好体现。

日军飞机夜间偷袭给美国驻华空军特遣队造成过一些损失。为了打击夜间偷袭的日本轰炸机,美国驻华空军特遣队在没有夜间作战的飞机、机场没有夜航设备的情况下,大胆地使用P-40昼间战斗机并在跑道两边摆上桐油灯为飞机起飞、降落指示方向,从而开始夜间作战。美国飞行员在地面无线

第11中队的12架B-25A轰炸机从昆明基地起飞前,一架B-25A轰炸机的机组人员在轰炸机前合影留念。

第 23 战斗机大队第 11 轰炸机中队的 B-25 轰炸机起飞,一名 P-40 战斗机飞行员向其挥手致意。

驻桂林基地的第 23 战斗机大队第 75 中队 P-40 战斗机起飞,掩护轰炸机编队轰炸日军阵地。

第 23 战斗机大队的一架 P-40 战斗机执行任务归来在桂林基地着陆时发生事故，螺旋桨触地并被摔掉。

第 23 战斗机大队第 75 中队驻防广西柳州基地，图为空战后飞行员在总结经验教训。

第23战斗机大队第11中队中队长下达作战任务,背景是B-25H轰炸机。

1942年10月24日，第23战斗机大队第11中队12架B-25A轰炸机，在10架P-40K战斗机掩护下从桂林起飞轰炸香港，炸毁日军几处设施及舰船。

第23战斗机大队第11中队的B-25A轰炸机，采用俯冲轰炸击沉日本海军2艘护卫舰。

电引导指挥下搜索、跟踪目标，利用敌机发动机排气管喷出的火光进行瞄准、攻击，击落敌机。美国驻华空军特遣队开创了使用P-40战斗机在夜间击落敌机的纪录，这在美国其他航空部队是绝对不允许的，因为违反战斗条令。陈纳德敢于打破条条框框，因势利导，不断探索，创新空战战术的精神，深受飞行员们的好评。这也是陈纳德能够吸引许多飞行员加入他的战斗集体的原因之一。在对日军航空部队的作战中，当时美军虽然缺少地面雷达，但是美国驻华空军特遣队的飞机很少被敌人摧毁在地面。其主要原因是陈纳德利用中国军队的情报网和中国民众，在中国建立了空中警报网。这个网络遍布全中国，雇佣经过培训的中国人充当对空监视员，他们将观察到的日军飞机的机型、架数、飞行高度、飞行方向等情报，逐级或直接用口头或电话告诉当地或附近中国驻军，中国部队再用电话或电报报告美国人。还有些中国人出于对日本法西斯的憎恨，

B-25A 轰炸机执行任务归来,机组人员与机务人员在轰炸机前合影留念。

主动将所知道的日军情况及动向告诉美国人。这样,陈纳德可以提前几十分钟,甚至几小时,就知道有日本飞机来袭。美国驻华空军特遣队的飞机几乎在每次日本飞机空袭之前,都能从基地飞到备用机场隐蔽起来,或飞到空中视情况决定是否与日本飞机空战,从而有效地减少了飞机在地面的损失。在中国建立人工空中警报网络,符合中国国情,简单易行,十分有效。这可以说是陈纳德的一个创举。

为了对日军作战及合理部署兵力,陈纳德以昆明为大本营,先后在云南、广西、四川、湖南等地新建扩建机场,将作战空间逐步向东部推进。陈纳德将所属部队分散配置集中使用,对日空中作战形成局部优势,有利于打击日军空中力量。这些新建扩建的机场在与日本航空兵的战斗中发挥了重要作用。

第23战斗机大队飞行员与中国哨兵开玩笑,把中国哨兵惹哭了。

战斗结束后,第23战斗机大队队员们在俱乐部喝咖啡、饮啤酒,有的还带着自己心爱的小狗参加聚会。

打山鸡是一些第 23 战斗机大队队员的爱好,还可以改善生活。

在战斗的间隙,第 23 战斗机大队队员拉黄包车自娱自乐。

第 23 战斗机大队队员(左起:斯美特中尉、怀特军士、布兰丁军士、威廉·德军士)与驻地中国孩子同乐——"骑大马"。美国大兵开怀大笑,骑在外国人身上的中国孩子则显得有些拘谨。

美中两国情报人员使用靠手摇发电机工作的 V100 型收发报机,将收集到的日军航空兵情报及时报告陈纳德的司令部,以及飞行中的轰炸机和运输机,防止日军战斗机偷袭。

日军轰炸机大规模空袭时,疏散隐蔽在竹林中的P-40战斗机。

第23战斗机大队装备3架PT-17教练机,主要用于飞行技术、战术研究试飞,空中侦察和通信联络。PT-17"凯代"(Kaydet)教练机:乘员2人,1940年美国波音飞机公司制造,机长9.68米、翼展11.38米、机高3.23米,装220"大陆"R-670-5型7缸气冷星型发动机,全重1232千克,最大速度199千米/小时,升限3415米,航程812千米。

在茅草屋内隐蔽的中国军人用电话向美军报告日军飞机出动的机型、架数、飞行高度、方向等情报。

4

飞行员个个都是好样的

一个坚强、团结、有战斗力的集体，除领导者外，还要靠全体人员的共同努力。无论是美国志愿航空队还是第 23 战斗机大队，由于陈纳德的人格魅力和领导才能，这个战斗集体充满亲和力和凝聚力。这个战斗集体在非常艰苦、十分危险的环境中，培养、造就了一批优秀的人才。

陈纳德领导的第 23 战斗机大队继承了"飞虎队"的光荣传统和灵活多变的战法，涌现出一些尖子飞行员。约翰·艾力逊少校就是他们中的代表，他是美国佛罗里达州卡诺普人，1941 年春被派往英国，负责训练英国飞行员驾驶 P-40 战斗机。随后，又到苏联，帮助训练苏联飞行员驾驶 P-40 战斗机。回国后，调到驻印度的陆军第十航空队任战斗机飞行员。他后来调到昆明，在第 23 战斗机大队任战斗机飞行员。

1942 年 7 月下旬，约翰·艾力逊少校被派到驻衡阳的第 75 战斗机中队，作为大卫·李·希尔中队长的副手。他刚到的第二天晚上，警报网就报告，有日本飞机向衡阳方向飞来。当日本重型轰炸机飞临衡阳上空时，大家眼睁睁地看着干着急。因为当时没有进行过夜间拦截轰炸机的训练，P-40 也不是夜间战斗机。他们通常的做法是，疏散、隐蔽、伪装飞机，人员进入防空洞；在机场附近的空场上放置假 P-40 飞机，再涂些泥灰，以假乱真，让日军飞机攻击、轰炸这些假 P-40 飞机。这种办法非常奏效，日本人经常上当。

约翰·艾力逊在夜空中仔细观察头顶飞过的日本轰炸机，他发现通过轰炸机排气管喷出的火光，可以确定敌机的位置，靠近、搜索、跟踪、攻击并打掉它。他把自己的想法告诉了另一位飞行员阿尔伯特·鲍姆勒。鲍姆勒也是一位出色的战斗机飞行员，曾参加过西班牙内战，他认为用 P-40 战斗机夜间截击日军轰炸机是可行的。

他们经过认真的地面准备，并在夜间进行过多次截击试飞，有了进行夜间作战的把握，就开始担负夜间战斗值班任务。

日军通过航空侦察得知，陈纳德在衡阳基地驻有几十架轰炸机和战斗机，遂于 7 月下旬调集 24 架三菱 97 式重轰炸机、32 架"零"式战斗机准备空袭衡阳基地，企图摧毁陈纳德的主力，削弱其作战能力。日军将突击选择在夜间，是因为知道陈纳德只有少量能够夜间遂行作战任务的飞行员。7 月 27 日夜，日军重轰炸机和战斗机编队突然袭击衡阳基地，因陈纳德的作战飞机已经转移到其他机场隐蔽，没有造成飞机损失，只是炸毁了 1000 米长的混凝土跑道。到黎明时分，跑道已经遍布弹坑，但工程部队很快就用快干水泥及钢板把跑道修好了。陈纳德从预警网得知,日军将再次空袭衡阳基地,他命令衡阳基地夜间作战小组作好夜间截击日军轰炸机的准备。

7月29日凌晨2时,机场响起了敲打空罐头盒的声音,大家知道有日本飞机向衡阳飞来了。鲍姆勒和艾力逊摸黑跑向P-40战斗机,他们利用手电筒微弱的灯光、检查飞机、开车、滑跑、起飞,冲向夜空……他们不断爬高,在3650米改为平飞,在空中谁也看不见谁。他们在夜空中仔细搜索,无线电伴着杂音勉强可以听到地面指挥官的声音,"3架双引擎轰炸机正由北向南飞来"。过一会儿,又听到"看起来他们好像正在转弯,准备回去"。日本人加强了无线电干扰,什么也听不清了。突然,鲍姆勒和艾力逊发现了敌轰炸机,他们立刻靠向敌机。艾力逊离敌机最近,从轰炸机排气管喷出的火光,可以判断是3架按倒V形编队的轰炸机。当他把瞄准具对准在左边飞行的轰炸机时,他看到右边有火光在闪动,那是在敌带队长机右后方的敌3号机射出的枪弹。艾力逊的P-40E座机被击伤,日

接任第23战斗机大队大队长的布鲁斯·哈洛维中校(站立者左2)与队员研究作战计划。

约翰·汉普夏（站立者左3）与战友们在 P-40 战斗机前合影。

中国士兵看见美军飞行员获得勋章和奖章，伸出大拇指说"顶好"，美军飞行员非常开心。中国人对于美国人取得的战果都大加赞赏，美国人则感到由衷的高兴。

机的枪弹将他的飞机从机身一直扫射到座舱和发动机。艾力逊瞄准敌机按动机枪按钮，6挺12.7毫米机枪一起射击敌机，敌机受伤脱离编队。鲍姆勒赶到，将这架受伤的敌机击落。艾力逊驾驶受伤的座机摇摇晃晃地绕到敌带队长机的右边，向刚才击中他的那架敌机瞄准射击，击中油箱，敌机在巨大的爆炸气浪中坠落了。前面敌带队长机正在投弹，艾力逊利用P-40战斗机速度快的特点，很快追上敌带队长机。艾力逊的飞机发动机已着火冒着浓烟，他勉强操纵飞机跟踪、瞄准，向敌带队长机开火。敌机被击中失去控制，燃烧着向下栽，其余敌轰炸机队形已乱，慌忙扔掉炸弹逃逸。这次夜间空战，共击落日军3架三菱97式重轰炸机，第23战斗机大队损失1架P-40E战斗机。后来，在衡阳郊区北边地面找到了3架敌机的残骸。

艾力逊的飞机发动机火势越来越大，已不能正常工作了，他开始下降高度，900米时发动机停车。机场就在附近，在这漆黑寂静的夜空中，艾力逊驾驶受伤的座机准备空滑返回机场迫降。飞机向机场飘去，他在空中试着开车，出乎他的预料之外，居然开车成功。艾力逊一阵激动，但好景不长马上又熄火了，再也发动不起来。飞机高度掉得很快，他是不可能在机场跑道上降落了。他不想越过湘江，撞入人口密集的衡阳市区。他费力地操纵飞机避开了一座桥梁，坠入漆黑、冰冷的河水中。他爬出机舱，向岸边游去。在飞机坠落的碰撞中，他的前额被仪器散热片撕裂，满脸流着血。在月光下，艾力逊朦胧地看到连接湘江两岸城镇的木排的轮廓，他开始拼命地向木排游去，这比游向岸边距离要近些。他身上的衣服太重了，迫使他不时下沉，他十分费力

第23战斗机大队的战斗机飞行员在衡阳基地休息室待命。

第 23 战斗机大队主要指挥官合影。前排（左起）：阿尔伯特·鲍姆勒中校、格兰特·马霍尼中校；后排（左起）：克林顿·文森特上校、约翰·艾力逊中校、布鲁斯·哈洛维上校。

地向前游。快靠近木排时，一个中国男孩跑过来帮助艾力逊上了木排，然后经过木排来到岸上。岸上，3 个中国士兵端着枪用刺刀对着他，他们在黑夜中目睹了这场空战，但不知幸存者是中国人、美国人还是日本人。艾力逊从身上拿出一面小小的中国国旗，挥舞着，讲了一些他所知道的中国话，说他是一个"美——国——人"。中国士兵确认他不是日本人后，将他送到一所房子里休息。艾力逊后来回忆说，当时他躺在房子里的床板上，全身发冷，已经没有一点力气，完全动弹不得。是中国民众和士兵救了他，给他换上干净衣服，给他吃米酒煮鸡蛋。他全身逐渐暖和，才安稳地睡了一觉。第二天早上，中国民众用轿子把他送回了衡阳基地。艾力逊说，一辈子都忘不了中国人的救命之恩。

鲍姆勒回到机场，以为艾力逊死了，他非常愤怒。当晚另一批日本飞机来袭时，他带领队员们怒吼着冲向天空。这批 40 架"零"式战斗机显然是为被美国人击落的 3 架轰炸机报仇的。鲍姆勒带领 10 架 P-40E 战斗机冲入"零"式战斗机编队，打乱了敌人的队形。鲍姆勒驾驶 P-40E 战斗机向 1 架"零"式战斗机冲过去，"零"式战斗机也不示弱，对着 P-40E 战斗机冲过来。2 架飞机互相对吼着冲过去，"零"式战斗机退却了。其中 1 架被击伤的"零"式战斗机拖着一缕轻烟，绕着机场盘旋。"零"式战斗机飞行员采用自杀方式冲向第 23 战斗机大队的衡阳基地，在一排停放在停机坪上的 P-40 战斗机中间爆炸了。可是，这些飞机却是用纸和稻草做的假的 P-40 战斗机。

第二次世界大战结束后，约翰·艾力逊退役了。1952 年，他在自己服务的诺斯罗普有限公司见到在同一公司服务的一位姓秦的哲学博士，秦说，我们见过面。秦就是 20 年前在湘江木排上救起艾力逊的那个男孩子。约翰·艾力逊后来说："当我想起在 6 亿中国人中间这位偶然碰到的人，他曾经在我最困难的时候帮过我的忙，今天竟成了哲学博士，成为我工作所在公司的一位高级工程师，这真是太令人惊奇了。"

第 23 战斗机大队与侵华日军空中力量在数量上的差距逐步在拉大。第 23 战斗机大队仅拥有 40 架 P-40 战斗机和 7 架 B-25 轰炸机，面对的是从汉口经香港和印度支那到缅甸的 3220 千米长的半弧线上日军的 300 架作战飞机。陈纳德唯一的防御方法就是进行有效的攻击，运用奇袭和机动战术在半弧线上打击日军，使他们不能集中力量来给第 23 战斗机大队以致命的打击。

美国陆军第十航空队第 23 战斗机大队第 75 中队的大卫·李·希尔中队长，在 1942 年夏天大部分时间都患着疟疾，他经常带病坚持飞行作战。在日军猛烈空袭衡阳期间，为打击日军的嚣张气焰，他曾经在一天晚上单独驾机飞往汉口去俯冲轰炸日军机场。当时汉口是日军在中国防卫最严密的一个城市，希尔单机袭击汉口机场，使日本人大为震惊，赶忙起飞战机拦截。好长时间，驻汉口日军的轰炸机不敢再光顾美国驻华空军特遣队在衡阳的基地。

约翰·汉普夏是美国俄勒冈州人，参加陆军航空队后，曾经在巴拿马进行过飞行巡逻。陈纳德曾经要求陆军航空队总司令阿诺德上将选派一批飞行员来华参加作战，约翰·汉普夏就是随这批飞行员来中国的。汉普夏被分配到第23战斗机大队第75中队，中队长大卫·李·希尔照例要对每一位新来的飞行员进行考察。他与汉普夏一起编队飞行，汉普夏做他的僚机，跟着他飞。希尔做了许多高难度动作，想把汉普夏甩掉，可是汉普夏一直紧紧地跟着他。希尔认为汉普夏是一位技艺非凡的飞行员，下了飞机，希尔握着汉普夏的手向他表示祝贺。

在战斗中，汉普夏不仅飞行技术高超，而且射击技术好，打得非常准。有两次，中队长大卫·李·希尔的飞机被"零"式战斗机从尾后盯上了，情况非常危险，结果敌机被担任僚机的约翰·汉普夏给打掉了。他动作极快地操纵飞机跟踪、瞄准、射击，击落了敌机。

一次在湖南零陵上空空战，日军1架侦察机在2800米高度通过机场，撒下要与美国驻华空军特遣队进行决战的传单。紧接着，后面一队轰炸机和战斗机编队跟了过来。在高空待战的美国驻华空军特遣队正在密切注视着这些敌机。高斯少校驾驶P-40战斗机直插日军轰炸机和战斗机编队，当他正对1架敌轰炸机开火时，1架"零"式战斗机已经瞄准了他。就在这危急关头，这架"零"式战斗机突然凌空爆炸——原来是被跟踪它的汉普夏给击中了。许多队员都说，在空战中汉普夏眼疾手快，击落了很多威胁队友的敌机，使队友转危为安，跟汉普夏在一起就感到安全。

在高斯少校代理第75中队中队长职务期间，一天，警报网报告，日军一批47架"零"式战斗机正向衡阳的基地飞来。高斯少校率领16架P-40

约翰·汉普夏（前排中）与战友合影。

战斗机起飞迎战，他们迅速爬升到5500米在空中巡逻。他们发现在1500米高度有15架"零"式战斗机从衡阳的基地上空飞过。高斯担心有诈，没有理会这些飞机，仍在空中巡逻。后来地面情报网报告，其余敌机已向别的地方飞去，高斯才下令攻击。几个回合下来不分胜负，这些日本飞行员十分机灵，用高斯的话说，"在我耗费了许多弹药后，仍然没有获得成功。"混战中，编队被打散了，各自为战。日本飞行员见占不到便宜，被迫退回汉口。在这次空战中，只有汉普夏一人击落1架敌机。他报告敌机掉在跑道北端1.5公里的地方，后来果然找到了敌机残骸。这是约翰·汉普夏在5次空战中击落的第14架敌机。

1943年5月2日，警报网报告，有8架"零"式战斗机向衡阳方向飞来。高斯少校率领6架P-40战斗机在高空待战。敌机已飞临机场上空，这时突然下起大暴雨，空中能见度很差，什么也看不见。高斯发现在他的右下方有3架"零"式战斗机，他集中注意力准备攻击那3架敌机。这时，在高斯后上方的5架"零"式战斗机正准备向他攻击，汉普夏的P-40战斗机突然插进来，与高斯一起向那3架"零"式战斗机发起攻击。高斯后上方的5架"零"式战斗机被这突如其来的P-40战斗机搞懵了，一时不知所措。一阵混战,乱打一气,各自返回基地。高斯驾机降落后,清点人数发现少了汉普夏。当时空战在一条宽阔的河流上空,这条河流流入长沙附近的湖泊。有一位飞行员说看见一架飞机笔直冲入湖中,很像P-40战斗机。另一位飞行员则说是掉入河中,并说看起来像"零"式战斗机。

正当大家争论不休时,高斯收到驻长沙地区中国军队司令官的来电。译出来的电文令人震惊:"美国飞行员落入河中,伤在胃部,肠子流出来了,速派医生来。"总算有了汉普夏的消息了,大家都感到欣慰,但如何去营救汉普夏却犯难了。中队外科医生雷·斯普瑞茨勒表示,一定要去营救汉普夏。有人建议起飞一架P-40战斗机从衡阳飞到长沙,将雷·斯普瑞茨勒医生放在P-40战斗机的辎重舱里,超低空飞行,在汉普夏坠落的地方跳下去。情急之下,高斯中队长居然同意了这个荒唐又愚蠢的建议。辎重舱的设计不是载人的,雷·斯普瑞茨勒医生只能蜷着身子呆在狭窄的辎重舱里,格里芬驾驶载着雷·斯普瑞茨勒医生的P-40战斗机起飞了。这时,天空雷电交加,暴风雨即将来临。这是不祥之兆……

长沙发来第二封电报:"美国飞行员已死亡。"高斯中队长急忙用无线电与格里芬联络,要他立即返航,但无线电受雷电的干扰始终联络不上。几个小时过去了,没有一点消息;到了晚上,仍然没有任何消息。大家非常焦急,有的猜测他们已经到了长沙,正在处理汉普夏的善后事宜;有的猜测他们可能迷航了,不知迫降在什么地方;还有的猜测他们可能碰上了日本"零"式战斗机……

第二天早上,高斯中队长派出2架P-40战斗机沿航线搜寻了几小时,仍无结果。正在大家一筹莫展之时,突然有人高喊:"他们回来了。"只见一架P-40战斗机在跑道上滑行,雷·斯普瑞茨勒医生迫不及待地从辎重舱里伸出了脑袋,并向大家招手。大家脸上露出了笑容。

"飞虎队"队员马修·凯肯德尔(Mathew Knykendall)23岁第一次参加空战就被敌机击中受伤。

志愿队队员汤姆·科尔的座机空战中被敌机击中,他跳伞后因被严重烧伤,第二天不幸牺牲。

阿米尔·希尔文·斯科特（Amir Sylvan Scott）1942年在一次空战中阵亡，在中国战场为反法西斯战争献出了年轻而宝贵的生命。在"飞虎队"里，像他这样没有取得战果的有不少人，但在中国人民眼里，他们都是抗战英雄。

这是"飞虎队"部分飞行员，他们都已经离开了人世，但他们在世界反法西斯战争中国战场的光辉业绩已经载入史册。中国人民永远怀念他们！

发生的事情简直是不可思议的。头天夜里，他们完全迷航了，汽油也快用完了。准备迫降的时候，格里芬突然发现地面有一簇微弱的光线。因为没有电，任何一簇光线都可能意味着是一个村庄。他猜测村庄可能有电话，如果他绕着村庄盘旋，村民就会报告给警报网，基地就会知道他们迫降的地方。

当格里芬驾机围绕着那簇光线盘旋时，他惊异地注意到附近有长长的一连串火光在摇曳。从火焰排列的形式看，很明显下面的中国人为他准备了降落场。格里芬的座机油料已不多了，他赶紧放下起落架，顺着成排的火光降落了。令他感到惊奇的是，飞机降落在一块平坦的土地上，一点也没有发生意外。当他从机舱里出来时，村民们正在向他跑来。原来这个村庄有一个旧的已被废弃的应急机场，美国人当然不知道。当村民听到飞机在头上盘旋时，估计飞行员正处在危急之中，可能需要迫降。村民们急中生智，打开一桶航空汽油，将汽油洒在跑道边上，再点燃形成一条火光线，为飞行员指引着陆方向。格里芬和雷·斯普瑞茨勒医生与中国村民们度过了一个愉快的晚上。第二天早上，村民们用地窖里的应急航空汽油为飞机加满油料，格瑞芬和雷·斯普瑞茨勒便返航回到基地。基地的人不知道他们的消息，是因为这个处在世外桃源的村庄没有任何通信设备。

5 "飞虎队"王牌飞行员

第一次世界大战期间，随着专门用于空中格斗的飞机的不断改进，空中格斗技艺的提高，空战越来越激烈……新闻媒体对空战的报道越来越广泛，许多"尖子飞行员"成为大众心目中崇拜的偶像。一些新闻记者为了渲染空中格斗的气氛，将击落5架飞机的飞行员称为"王牌飞行员"，更加激起了飞行人员和广大读者对空战的关注。美国陆军航空队顺应历史潮流，规定在空中击落5架敌机的飞行员即获得王牌飞行员的资格。以后，世界各国都按照击落5架飞机认定为王牌飞行员。两次世界大战及战后局部战争统计数据表明，在击落飞机的总数中，有60%—75%是王牌飞行员击落的。后来，有人又将击落10架飞机的飞行员称为"双料王牌飞行员"。

陈纳德领导的中国空军美国志愿航空队、美国陆军第十航空队第23大队和第十四航空队，在世界反法西斯战争中国战场涌现出一批王牌飞行员。据不完全统计，王牌飞行员共91人，其中志愿航空队19人、第23战斗机大队46人、第十四航空队26人；91名王牌飞行员共击落敌机641架，平均每人击落敌机5.87架。

飞行员	击落敌机数量（架）
大卫·李·希尔（David Lee Hill）	18.25
查尔斯·奥尔德（Charles H. Older）	18
约翰·赫伯斯特（John C. Herberst）	18
威廉·麦加利（William D. McGarry）	16
罗伯特·H·尼尔（Robert H. Neale）	15.5
爱德华·麦克康马斯（Edward O. McComas）	14
詹姆士·霍华德（James H. Howard）	13.33
罗伯特·斯科特（Robert L. Scott）	13
约翰·汉普夏（John F. Hampshire）	13
阿尔伯特·鲍姆勒（Albert J. Baumler）	13
布鲁斯·哈洛韦（Bruce K. Halloway）	13
乔治·布加德（George T. Burgard）	13
利维·蔡斯（Levi R. Chase）	12

姓名	战绩	姓名	战绩
肯尼斯·耶恩斯泰特（Kenneth Jernstedt）	10.5	查尔斯·W·索耶（Charles W. Sawyer）	7
罗伯特·利特尔（Robert L. Little）	10.5	弗兰克·谢尔（Frank Schiel）	7
约翰·范·纽柯克（John Van Newkirk）	10.5	约翰·理查德·罗西（John Richard Rossi）	6.25
爱德华·F·雷克托（Edward F. Rector）	10.5	约翰·艾力逊（John Alison）	6
威廉·里德（William Norman Reed）	10.5	帕克·迪普伊（Parker S. Dupouy）	6
约翰·斯图尔特（John S. Stewart）	9	埃德蒙·高斯（Edmund R. Goss）	6
罗伯特·T·史密斯（Robert T. Smith）	8.75	约瑟夫·H·格里芬（Joseph H. Griffin）	6
弗兰克·劳勒（Frank L. Lawler）	8.75	罗伯特·莱尔斯（Robert L. Liles）	6
约翰·布里格特（John G. Bright）	8	马文·卢伯纳（Marvin Lubner）	6
亚瑟·克鲁克香克（Arthur W. Cruikshank）	8	罗伯特·姆霍伦（Robert F. Mulhollen）	6
马修·戈登（Mathew M. Gordon）	8	伦纳德·R·里维斯（Leonard R. Reeves）	6
埃尔墨·理查德森（Elmer W. Richardson）	8	克林顿·D·文森特（Clinton D. Vincent）	6
威廉·巴特林（William Bartling）	7.25	奥兰·瓦茨（Oran S. Watts）	6
查尔斯·邦德*（Charles R. Bond）	7	詹姆士·M·威廉姆斯（James M. Williams）	6
珀西·巴泰尔特（Percy Bartelt）	7	格利高里·博因顿（Gregory Boyington）	6
菲利普·查普曼（Phillip Chapman）	7	刘易斯·毕晓普（Lewis S. Bishop）	5.5
罗伯特·C·摩斯（Robert C. Moss）	7	埃德蒙·奥弗伦（Edmund F. Overend）	5.5
李·O·格雷格（Lee O. Gregg）	7	罗伯特·桑德尔（Robert J. Sandell）	5.25

* 查尔斯·邦德（Charles R. Bond），在自己回忆录《一个飞虎队员的日记》中称击落敌机9架。

约翰·佩塔 （John E. Petach）	5.25	查理·H·杜波依斯 （Charlie H. Dubois）	5
托马斯·海伍德 （Thomas C. Haywood）	5.25	威廉·格罗夫纳 （William Grosvenor）	5
查理·H·劳克林 （Charlie H. Laughlin）	5.25	林恩·F·琼斯 （Lynn F. Jones）	5
罗伯特·威廉·普雷斯科特 （Robert W. Prescott）	5.25	唐纳德·洛佩斯 （Donald S. Lopez）	5
罗伯特·H·史密斯 （Robert H. Smith）	5.25	基思·马洪 （Keith Mahon）	5
罗杰·C·普赖尔 （Roger C. Pryor）	5	格兰特·马奥尼 （Grant Mahoney）	5
罗伯特·赫德曼 （Robert P. Hedman）	5	福雷斯特·帕尔哈姆 （Forrest P. Parham）	5
约翰·W·博尔亚德 (John W. Bolyard)	5	唐纳德·L·奎格利 （Donald L. Quigley）	5
爱德华·诺迈耶 （Edward M. Nollmeyer）	5	罗伯特·J·雷恩斯 （Robert J. Raines）	5
埃里克·希林 （Eriksen E. Schilling）	5	威尔茨·塞古拉 （Wiltz Segura）	5
莱斯特·阿拉史密斯 （Lester L. Arasmith）	5	拉塞尔·D·威廉姆斯 （Russell D. Williams）	5
斯蒂芬·博纳 （Stephen J. Bonner）	5	拉尔夫·莱尔 （Ralph L. Wire）	5
达拉斯·克林杰 （Dallas A. Clinger）	5		

1942年1月3日,大卫·李·希尔在泰国上空的空战中击落了2架日军的97式Ki-27战斗机,这让他高兴不已,决心成为王牌飞行员。不久,他再创辉煌,又击落2架日军战机,离王牌飞行员的要求只差一架了。希尔再接再厉,勇敢进行空中拼杀。次日,他在缅甸首都仰光上空巡逻,正好碰上了日军轰炸机和战斗机编队。于是,他开始了空中格斗。由于具有较强的空战格斗能力,他不仅击落了一架日军轰炸机,还击落了一架日军战斗机。这样,在短短一个月内,他就成了"飞虎队"的王牌飞行员。

1942年7月,希尔成为第23战斗机大队的飞行员。由于作战勇敢,他被晋升为少校,后担任第75中队中队长。10月24日,希尔带领第75中队为B-24轰炸机编队空袭香港日军目标全程护航。飞行途中,B-24轰炸机编队突然遭到了日军战斗机的拦截。空战中,希尔击落1架敌机,击伤3架。由于在空战中表现出色,希尔不久升任第23战斗机大队大队长。

1943年11月25日,适逢感恩节,希尔率领10架P-38战斗机、10架P-51战斗机和12架B-25轰炸机从湖南衡阳基地起飞,飞越台湾海峡空袭台湾日军机场。飞抵新竹机场空域时,发现大量日军战机停放在机场。日军遭遇空中突然袭击,不得不强行起飞战斗机,试图负隅顽抗。然而,7架日军战斗机升空后还没来得及进入攻击状态,就被希尔率领的P-51战斗机编队一阵猛烈射击,全部被击落。这次作战行动,摧毁地面日机42架,另外还可能炸毁12架,美军战机无一损失。

美国正式宣布对日开战时,33岁的罗伯特·斯科特正担任飞行教练工作,因年龄偏大,后改为驾驶运输机。一次,斯科特运送物资来华,碰巧遇到"飞虎队"指挥官陈纳德。斯科特驾驶的运输机刚降落,陈纳德就来到了停机坪。因为陈纳德接到警报,说日本飞机即将来袭。只听他喊道:"快把那架飞机从停机坪移走!"斯科特看到旁边停了一架破旧的P-40战斗机,觉得机会来了,他对陈纳德说:"我可以把它移走。"然而,陈纳德看到斯科特的

在中国空军美国志愿航空队第2中队(熊猫中队)服役的大卫·李·希尔,以及他曾经驾驶过的108号P-40F战斗机和48号P-40E战斗机。

晚年的大卫·李·希尔头戴带有"飞虎"标志的帽子，身穿带有"飞虎"标志的衣服，在一架"飞虎队"战斗机前留影。希尔因其战功卓著不仅获得美国杰出服务十字勋章，还获得英国政府颁发的奖章。超级王牌飞行员大卫·李·希尔于2007年10月11日在美国得克萨斯州圣安东尼奥市的家中逝世，享年92岁。

上校军衔领章，说："对于驾驶战斗机来说，你的军衔太高了。"斯科特说："如果有人要作战，我想你不应该在乎他的军衔。"斯科特跳进那架P-40战斗机，想让陈纳德看看他也能打击日军飞机。斯科特回忆说："当时飞机在跑道上滑跑十分颠簸，不过最终我还是飞起来了。"随后他想试一试枪，却发现没有子弹。这时，警报已经解除了。斯科特降落后，陈纳德走上前来说："你到底是怎么把它发动的？好几个月了，我们一直想让它飞起来。"一周后，陈纳德找来了一架P-40战斗机给斯科特。就这样，斯科特成了"飞虎队"的编外飞行员。

虽然斯科特是"飞虎队"编外战斗机飞行员，但他多次伴随"飞虎队"出征并屡建战功。1942年4月28日，斯科特与战友一起在缅甸腊戍上空，以22:0的惊人战绩给日本天皇送上了一份生日"厚礼"。特别是在怒江作战中，面对日军地面防空部队的枪林弹雨以及天上日军战斗机的威胁，斯科特毫不畏惧，凭借娴熟的飞行技术与战术，射杀了大量日军。这次行动粉碎了日军进攻云南威胁中国西南大后方的图谋。5月，斯科特飞行了200小时，击落5架日军战机，深受"飞虎队"指挥官陈纳德的青睐。7月4日，中国空军美国志愿航空队解散，美国陆军第十航空队第23战斗机大队正式组建。在挑选大队长的人选时，陈纳德将军点名让斯科特担当。

这样，斯科特成了第23战斗机大队的第一任大队长。任职第一天，斯科特就指挥战机拦截轰炸昆明的日军战机。同年秋收季节，日本军队掠夺了大量粮食，在鄱阳湖上抢运。斯科特亲自率领8架P-40K战斗机，将前去与运粮船会合的10艘日军炮艇全部击沉。斯科特带领下的第23战斗机大队共出击1501次，击毁日军战机337架，自己只损失战机36架。

罗伯特·斯科特在中国战场共击落日军飞机13架，可以称得上是双料王牌飞行员。他获得过3枚杰出飞行十字勋章、2枚银星勋章和5枚航空勋章。1943年2月，斯科特服役期满回到美国，他开始在各地讲演作报告，介绍战争形势，鼓舞士气，成为家喻户晓的英雄人物。斯科特根据其演讲内容编成的《上帝是我的副驾驶》一书出版后，还被华纳兄弟公司拍成同名电影。罗伯特·斯科特于2006年2月27日在美国佐治亚州逝世，享年97岁。

1942年5月4日，云南保山数千军民在城内保岫公园举行纪念五四青年节集会，突然遭到日军27架轰炸机、战斗机编队的狂轰滥炸，炸死炸伤超过千人，保山变成一片火海。当美国志愿航空队从云南驿机场起飞8架P-40战斗机赶到保山上空时，轰炸完毕的日军编队已经返航，而第二批日军27架轰炸机、战斗机编队正好飞临保山上空。飞行员查尔斯·邦德驾驶P-40战斗机冲入敌机编队，很快迂回到敌轰炸机编队带队长机后面，瞄准敌机开炮射击。敌轰炸机带队长机拖着浓烟坠落，另外4架敌轰炸机被"飞虎队"队员击伤，慌忙扔下炸弹逃逸。

1942年7月4日志愿队解散时，查尔斯·奥尔德已经击落敌机10架。他在中国战场共击落18架日军飞机。这是超级王牌飞行员查尔斯·奥尔德中校在P-51D"野马"战斗机座舱里，机身上有18面日本小国旗。

美国志愿航空队第3中队飞行员查尔斯·奥尔德

这是美国画家绘制的罗伯特·斯科特上校驾驶 7 号 P-40E 战斗机与日军川崎 99 式 Ki-48 双发轻轰炸机空战的油画。

美国志愿航空队第 2 中队飞行员詹姆士·H·霍华德，击落敌机 13.33 架。

在美国空军博物馆展出的罗伯特·斯科特上校驾驶过的P-40E战斗机，有美国陆军第十航空队第23战斗机大队标志以及13面日本小国旗，表示他共击落13架日军飞机。

志愿队飞行员弗兰克·劳勒，击落敌机8.75架。

志愿队飞行员查尔斯·邦德

查尔斯·邦德最后以美国空军少将军衔退役。

飞行员查尔斯·邦德在自己的 P-40 战斗机旁

1942年5月4日，日军空袭保山。这是日军飞行员从空中拍摄的检验轰炸效果的航空照片，保山几乎成了一片火海。

空战开始后不久，邦德发现油料不够急忙返航，刚准备放下起落架，突然听到爆炸声。他的战机被击中，座舱起火，飞机开始剧烈抖动。原来，两架跟踪在后面的日军"零"式战斗机偷袭击中了邦德的座机。他挣扎着爬出座舱，在距地面800米高度跳伞。落到地面后，邦德发现身上衣服着火，旁边刚好有条小河，他毫不犹豫地跳入河中将火扑灭。上岸后，邦德感到头部隐隐作痛，他用手指摸头发，发现头上在流血。这时一位中国农民走过来，邦德向他"哇哇"地喊叫，并用手比画着打电话的样子。比画了半天，农民终于明白了，带邦德到了村里，在一位外国传教士那里找到了电话并报告了基地。几位农民给邦德送来止血药并帮助涂在他头上，又进行了简单包扎。然后，基地派来的救护车和医生将邦德接回基地。邦德后来说，他非常感谢中国农民和那位外国传教士。

约翰·理查德·罗西1915年4月19日出生于加利福尼亚普雷斯韦利，在旧金山长大。1939年秋，罗西参加美国海军并接受飞行训练，第二年成为海军飞行员，被分配到佛罗里达州彭萨科拉基地任飞行教官。1941年，罗西提前从美国海军退役，加入中国空军美国志愿航空队，在第1中队（亚当—夏娃中队）服役，共击落日军飞机6.25架。美国志愿航空队解散后，他受雇于中国航空公司，任运输机驾驶员、机长，在驼峰航线飞行过735次，出色完成运输任务。

面部和手被烧伤的查尔斯·邦德

查尔斯·邦德跳伞后在当地百姓救护下回到云南驿基地。

查尔斯·邦德弃机跳伞后,他的 P-40 战斗机坠落在机场附近。

第十航空队第 23 战斗机大队

2004年7月30日,"飞虎队"老队员约翰·理查德·罗西(右2)、查尔斯·邦德(左2)与队友访问云南,在云南驿老机场合影留念。

第23战斗机大队第76中队飞行员爱德华·雷克托,共击落敌机10.5架。

美国志愿航空队飞行员约翰·理查德·罗西,外号迪克·罗西。

战后，罗西长期担任美国"飞虎协会"会长，多次来中国访问。2005年9月，在北京举行的纪念中国人民抗日战争暨世界反法西斯战争胜利60周年纪念大会上，中国国家主席胡锦涛在讲话中专门提到感谢帮助中国抗战的"飞虎队"及执行"驼峰空运"的美国飞行员，并在宴会上专门和罗西先生碰杯握手。罗西和其他美国"飞虎队"队员以及"驼峰空运"老飞行员还多次到云南访问。2004年7月，他和夫人与其他美国老兵受云南省政府的邀请，专门到昆明参加中国二战友谊国际学术研讨会并在大会上发言。会后，他访问了丽江、大理以及当年生活、战斗过的祥云县云南驿机场，受到当地人民的热烈欢迎。约翰·理查德·罗西于2008年4月17日在其家乡洛杉矶去世，终年96岁。

1941年圣诞节，日军轰炸机和战斗机编队突然空袭缅甸仰光，罗伯特·T·史密斯驾驶P-40战斗机随美国志愿航空队第3中队（天使中队）在仰光上空与日机空战。空战中，罗伯特·T·史密斯和战友击中3架日军轰炸机，其他日军轰炸机慌忙逃逸。一架日军中岛97式Ki-43战斗机对头向罗伯特·T·史密斯冲过来，其他战友向日军战斗机开火。日军战斗机窜到史密斯的P-40下方，他迅速瞄准射击，击中敌机。志愿队解散后，罗伯特·T·史密斯加入第23战斗机大队，又先后击落日军飞机6架。

志愿队飞行员罗伯特·T·史密斯，后加入第23战斗机大队。

被罗伯特·T·史密斯击落的日军中岛97式Ki-43战斗机坠落在马达班湾。

飞行员唐·洛佩斯在第23战斗机大队曾经击落2架敌机，编入第十四航空队后又击落3架敌机，成为王牌飞行员。这是唐·洛佩斯在P-51战斗机上。

志愿队飞行员约翰·布里格特，共击落日军飞机8架。

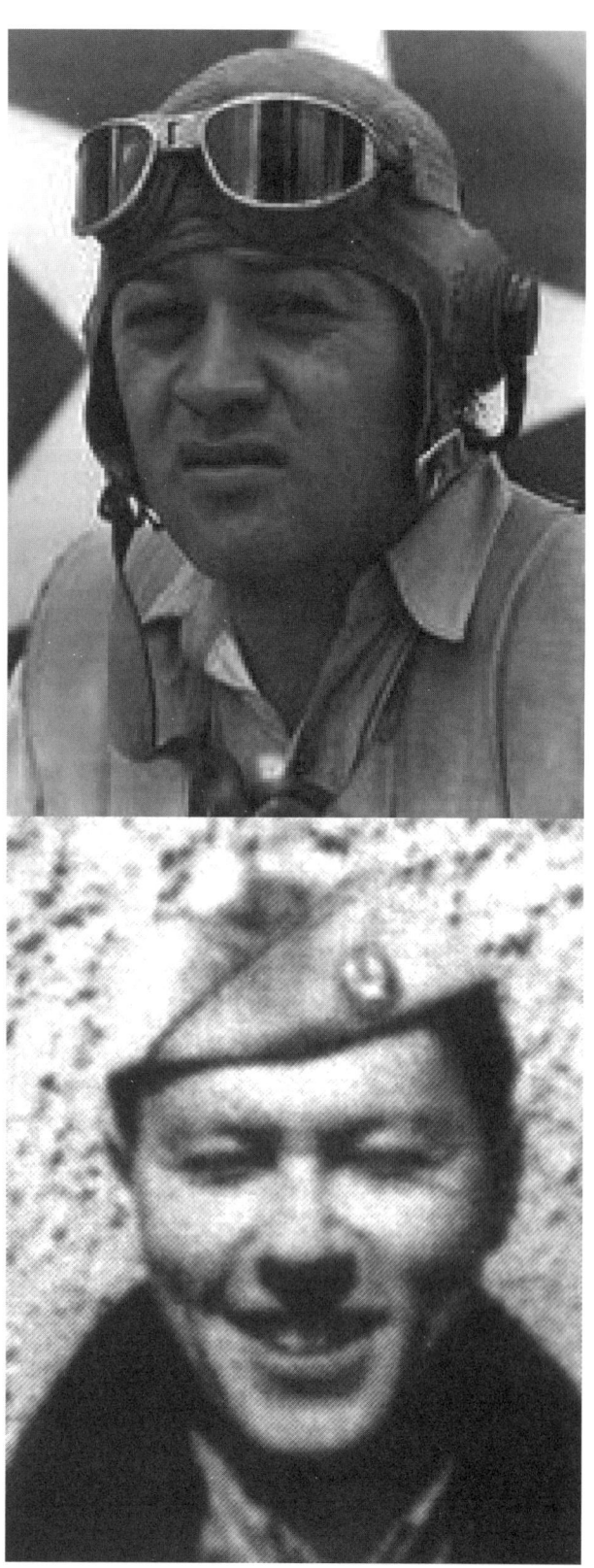

格利高里·博因顿,美国海军陆战队航空兵飞行员,1941年参加陈纳德领导的美国志愿航空队,在中缅战场共击落日军飞机6架。1942年回到美国海军陆战队,先后参加所罗门群岛作战、腊包尔空战等,总战果为28架。他是二战中美国海军陆战队头号王牌飞行员,曾获美国国会荣誉勋章和海军十字勋章,1947年退役。

罗伯特·赫德曼在1942年12月23日的缅甸仰光空战中击落日军4架97式Ki-21轰炸机、1架97式Ki-43战斗机。这是罗伯特·赫德曼在P-40战斗机前,这时的志愿队战机还没有涂鲨鱼牙齿和眼睛及"飞虎"标志。

志愿队飞行员罗伯特·赫德曼,共击落日军飞机5架。

6
永远的怀念——
罗伯特·H·莫尼中尉

1942年12月26日，日军从广州起飞12架轰炸机，在20架战斗机的掩护下，突然袭击云南祥云小镇旁第23战斗机大队的云南驿基地。云南驿基地的8架P-40战斗机在得到空袭警报后，立即起飞在空中待战。日军轰炸机飞抵机场上空时，发现地面停放着一排P-40战斗机，就开始投弹。机场停机坪火光冲天，当然，被炸的都是用纸和稻草做的假飞机。8架P-40战斗机冲向敌轰炸机群，日军20架"零"式战斗机立刻进行支援，空战非常激烈。空战中，第23战斗机大队飞行员罗伯特·H·莫尼中尉率先击落1架敌"零"式战斗机。当莫尼退出攻击，准备重新加入编队时，1架"零"式战斗机对头向他冲来。为了不向敌人示弱，莫尼也对头冲向"零"式战斗机。瞬间，莫尼的P-40战斗机撞向"零"式战斗机，敌机左机翼被撞断而坠毁。

莫尼驾驶的P-40战斗机也不幸被撞起火，并失去控制向祥云县城坠落。在这紧急关头，他想到如果飞机坠落在祥云城内，将会造成灾难性的后果，还可能殃及云南驿机场。莫尼勉强操纵战机离开祥云城，在一空旷地区上空弃机跳伞。由于飞机急剧下降，他错过了跳伞的最低高度，降落伞没有完全张开，下降速度很快，莫尼被重重地摔在地上。落地后，他又被大风拖拉了几百米。祥云的民众亲眼目睹了这一惊心动魄的场面，当战机在小镇后山爆炸时，祥云的民众纷纷前去抢救。莫尼被送上手术台，云南名医董济元倾其所有，全部使用最好的进口药品进行救治。莫尼终因伤势过重救治无效，当晚在祥云牺牲。

祥云民众为了永远纪念罗伯特·H·莫尼中尉拯救祥云城的英勇壮举，自发地捐款捐物，准备为罗伯特·H·莫尼中尉建一座纪念标。5个月后，"美国空军莫尼中尉殉职纪念标"建成，第23战斗机大队官兵与祥云民众共同举行了纪念标落成典礼。

在中国和美国的两座小城——祥云和北堪萨斯，都为莫尼中尉建立了纪念标。两座纪念标纪念的人，永远活在两城人民的心中……

美国驻华空军特遣队战斗机飞行员罗伯特·H·莫尼中尉

被莫尼中尉拯救的中国云南祥云县城

曾经救治过莫尼中尉的地方

美国驻华空军特遣队官兵与祥云民众共同举行莫尼中尉殉职纪念标落成典礼。

在中国祥云建立的莫尼中尉殉职纪念标

在美国北堪萨斯建立的罗伯特·H·莫尼中尉殉职纪念标

4月5日"清明节",是中国人祭奠祖先和亲人的日子。每年这一天,祥云民众要先到莫尼中尉殉职纪念标前,缅怀他们心中的英雄……

50年后（1992年），莫尼中尉的妹妹埃娜·L·戴维斯来到祥云，在莫尼中尉殉职纪念标前与见证了这段历史的老人及他们的后代合影留念。

哦！东方在东方，西方在西方， 两方不相遇，直至天和地， 站在上帝的面前，接受最后的洗礼。 可是，哪里还有东方、西方，甚至国界、种族， 两个强健的民族自地球的这方和那方， 走到一起，面对着面！ 喧嚣和欢乐都已平息， 国王和首领也已逝去， 只有您的勇士啊，依然屹立， 以一颗平凡宁静的心。 全能的主啊！求您与我们共存， 为的是我们永不磨灭的记忆…… 东方不再是东方，西方不再是西方！	Oh, East is East and West is West, and never the twain shall meet, Till Earth and Sky stand presently at God's great Judgment Seat; But there is neither East nor West, Border, nor Breed, nor Birth, When two strong men stand face to face, though they come from the ends of the earth! The tumult and the shouting dies— The Captains and the Kings depart— Still stands Thine ancient sacrifice, An humble and a contrite heart. Lord God of Hosts, be with us yet, Lest we forget—lest we forget!

与祥云人民共同生活一段时间后，埃娜·L·戴维斯感慨万分，从诗人吉卜琳的一首赞美诗中节选了两段，赠予祥云人民。

7
第23战斗机大队进行扩编

陈纳德正准备连续轰炸香港的时候,美国陆军第十航空队司令克莱顿·比斯尔却命令他派飞机轰炸缅甸腊戌和密支那的日军航空基地,以保证驼峰空运的正常飞行。虽然陈纳德认为缅甸境内日军航空部队大多数已撤走,从桂林起飞去轰炸1300千米以外的这些基地是得不偿失的,但军人服从命令是天职,他还是执行了比斯尔的命令。

1942年12月25日圣诞节,日军飞机空袭了

第23战斗机大队的P-40战斗机为在缅甸的中国远征军部队提供空中支援。

美国驻华空军特遣队云南驿基地。第二天日军企图再次空袭云南驿基地时,被美国驻华空军特遣队4架P-40战斗机拦截在澜沧江上空,经过一场空战,日军被击落5架轰炸机、3架战斗机。云南驿基地的油料基本上全部用光了,只能够保证那里的无线电发电机工作。在昆明基地,汽油供应也非常缺乏,以至陈纳德禁止所有飞行员完成战斗任务后在空中盘旋。

陈纳德所需的物资主要靠"驼峰航线"空中运输提供,有些按计划分配给陈纳德的物资,往往不能按时运到,或者运到后又分配给了别的单位。由于供应短缺,陈纳德只好就地取材,或者用替代品。没有咖啡,就喝茶;美国人喜欢吃牛排和土豆,没有牛排和土豆,就烧猪排、煮鸡肉、炒鸡蛋、炒豆芽。美国制造的炸弹、子弹运不来,就使用中国储备的弹药。这些弹药来自11个国家,有苏联的、法国的、中国的,还有日本的……P-40战斗机的铝制副油箱不够用,中国人就用竹子和鱼胶制造了代用品。

为了尽量减少与陆军第十航空队司令比斯尔之间的摩擦,陈纳德建议美国总统罗斯福在中国建立一支由他指挥的独立作战的空中力量。与此同时,蒋介石与宋子文也致信罗斯福总统,提出建立一支独立的驻华空军的要求。

1943年3月3日,陈纳德被晋升为少将。3月10日,美国陆军第十航空队第23战斗机大队奉命扩编为美国陆军第十四航空队。从1942年7月至1943年3月,美国驻华空军特遣队在9个月的作战中,共击落敌机149架,投放炸弹300余吨,自己损失16架P-40战斗机和1架B-25轰炸机。陈纳德对美国驻华空军特遣队的评价是:美国驻华空军特遣队也许是历年来将军级司令官指挥下的空军力量中最小的一支。当然它也是最支离破碎的,它既不习晓公文,也不讲究礼节,但每当奉命出战,它却始终不辱使命。

昆明基地的中、美军地勤人员密切协作抢修P-40E战斗机,使第23战斗机大队P-40战斗机的出勤率一直都比较高。

1943年2月1日,第23战斗机大队第74中队的中、美地勤人员在云南驿基地维护P-40E战斗机,为战机再次出动做好准备。

第23战斗机大队的地勤人员正在给第16战斗机中队的P-40战斗机挂载用竹子和鱼胶制造的副油箱。

1943年1月,美国陆军航空队总司令亨利·H·阿诺德中将(左)在昆明基地会见陈纳德和美国、英国军官。

美国陆军航空队总司令亨利·H·阿诺德中将（左）与陈纳德少将。阿诺德视察第 23 战斗机大队后的评价是：陈纳德是一个令人敬畏的斗士，但是一个很糟糕的管理者；"飞虎队"在中国可以大有作为，在美国就不一定有所作为。

第 23 战斗机大队 B-25G 轰炸机机组人员

第23战斗机大队在昆明基地的P-40战斗机机群,飞机的机徽已换成美国陆军航空队的机徽。

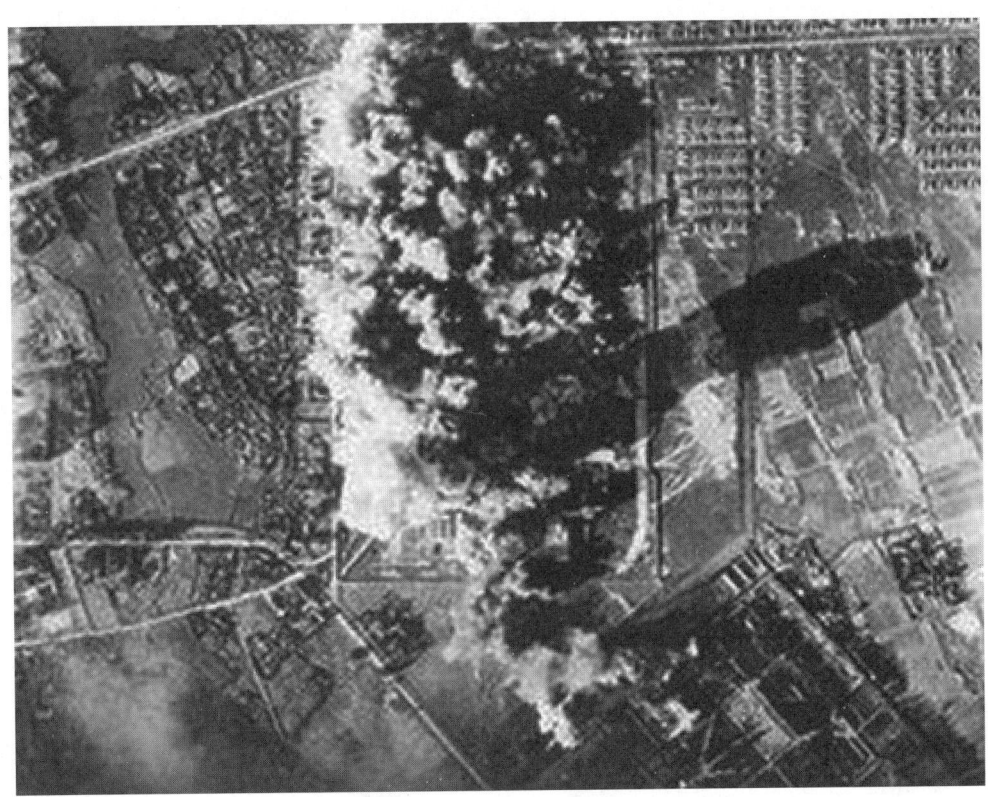
第 23 战斗机大队 B-25H 轰炸机对日军阵地进行轰炸，这是投弹轰炸机拍摄的照片。

这是一张轰炸后拍摄的航空照片，经过判读员判读，确认大部分日军阵地已经被摧毁。

03

陈纳德和"飞虎队"

美国陆军第十四航空队

陈纳德领导兵力不多的美国陆军第十航空队第23战斗机大队,与日军飞机进行空战,攻击日军军舰和运输船队,轰炸日军阵地、后勤仓库等目标,取得重大战果。美国陆军航空队司令部对陈纳德所取得的战果给予充分的肯定。同时,为避免陈纳德与第十航空队司令克莱顿·比斯尔继续产生矛盾,让他能够在中国战场独立指挥作战,美国陆军授予陈纳德少将军衔,任命他为美国陆军第十四航空队司令官。扩编后的第十四航空队,人员、装备都得到扩充,齐装满员,成为亚洲战场一支强劲的空中力量,可以打击日军在亚洲地区的各个目标。

1 组建作战指挥部

美国对日本宣战后，美国政府和军方渐渐开始重视中国战场。为了更有效地牵制和打击日军，1943年3月10日，美国政府和军方决定将陆军第十航空队第23战斗机大队扩编为美国陆军第十四航空队，陈纳德任司令官。第十四航空队直接受美国陆军航空队总司令阿诺德指挥。从此陈纳德不再接受第十航空队司令比斯尔指挥，两人之间也不会再发生摩擦。第十四航空队成立后，先后得到B-24、B-25轰炸机及P-51、P-38等性能更优异的战斗机，使陈纳德的航空力量更具有进攻能力。最令陈纳德高兴的是，他终于得到了梦寐以求的B-24重型轰炸机，可以在中国战场狠狠地打击日本法西斯了。

为了便于陈纳德工作和生活，中国当局为他提供了宽敞的办公场所和舒适的住处。美国陆军航空队给陈纳德配备了由参谋人员组成的作战指挥部，由西点军校毕业生埃德加·格伦准将领导这个作战指挥部；并为他配备了军医汤姆·吉特里上校，以及著名的报刊专栏作家爱尔索普上尉。

第十四航空队编有第68、第69、第312共三个飞行联队，包括4个战斗机大队、2个轰炸机大队、13个战斗机中队、7个轰炸机中队、2个侦察机中队、1个夜间战斗机中队、1个夜间轰炸机中队、2个运输机中队。装备各型飞机1000余架，空、地勤人员20000多人。

美国陆军第十四航空队司令陈纳德少将

1943年3月，原驻印度的美国第十航空队第308重型轰炸机大队划归第十四航空队，所辖的第373、374、375和425中队，分别驻防昆明、澄江、羊街等基地。每个中队装备5—6架B-24D轰炸机。

第十四航空队的兵力部署和作战指挥：文森特准将指挥昆明以东、以南直到印度支那边境地区的第十四航空队的作战行动；肯尼迪准将指挥第六十九飞行联队，主要支援在怒江附近作战的中国军队；蓝度准将负责保卫B-29轰炸机在成都附近的基地，以及四川、陕西两省境内的美国空军基地。

1943年6月，根据陈纳德的建议，在印度卡拉奇（今属巴基斯坦）组建了战斗机飞行员训练中心，负责对中国飞行员进行改装训练。这样，可以节约经"驼峰航线"空运来的油料和军需物资。中国空军派出飞行员赴印度受训，回国后部分飞行人员与部分美国第十四航空队人员组成中美空军混合团。这样，有利于中、美空军更好地协同作战。11月5日，中美空军混合团在广西桂林成立，受陈纳德的指挥。

美国陆军第十四航空队标识，有美国陆军航空队机徽元素，白五角星，中间一红圆，篮底色；有"飞虎"图案，继承了"飞虎队"的精神。

美国陆军第十四航空队在成都附近的双流基地，附近村民将石头打碎修补机场。

村民用板车拉石头铺设跑道，将双流机场跑道加厚、加长，以便 B-29 重型远程轰炸机起降。

美国陆军第十四航空队在四川新津的情报室，为第十四航空队作战行动提供情报保障。

美国陆军第十四航空队已经是美国正规部队，但是飞行员和工作人员服装上仍然配有"飞虎"的标志。这是已晋升少将的陈纳德身着配有"飞虎"标志的飞行服。

美国陆军第十四航空队装备的P-40E战斗机，机身是美国陆军航空队机徽，机头仍然画有鲨鱼嘴和牙齿。但与美国志愿航空队略有不同的是，上下牙齿间多了一圆形图案，称为"食人鲨"。无论是美国陆军第十航空队第23战斗机大队还是美国陆军第十四航空队，都继承了美国志愿航空队（"飞虎队"）英勇善战的光荣传统和优良作风。

陈纳德与第十四航空队战斗机飞行员交流空战战术。

1943年秋，第十四航空队派出战斗机和轰炸机分队进驻缅甸格拉顿（Graton）机场，支援英国地面部队及中国远征军作战。这是部分飞行人员在格拉顿基地合影，左起：马奥尼、罗伯特·史密斯、菲利普·G·科克伦、罗伯特·L·珀蒂、沃尔特·维多维奇、阿维德·E·奥尔得森、约翰·艾力逊。

美国陆军第十四航空队派驻缅甸格拉顿基地的 P-51A 战斗机群

在缅甸日军占领区上空飞行的第十四航空队 P-51A 战斗机

第十四航空队派驻缅甸格拉顿机场的 B-25H 轰炸机机组人员

陈纳德查看机务人员维修飞机情况,他要求作战飞机完好率要达到 80% 以上。

第十四航空队在湖南芷江前进基地的作战室

美国陆军第十四航空队战斗序列

- 美国陆军第十四航空队
  - 第68飞行联队
    - 第23战斗机大队
      - 第74中队
      - 第75中队
      - 第76中队
      - 第118战术侦察中队
  - 第69飞行联队
    - 第51战斗机大队
      - 第16中队
      - 第25中队
      - 第26中队
      - 第449中队
    - 第431轰炸机大队
      - 第11中队
      - 第22中队
      - 第491中队
  - 第312飞行联队
    - 第311战斗机大队
      - 第528中队
      - 第529中队
      - 第530中队
    - 第81战斗机大队
      - 第91中队
      - 第92中队
      - 第93中队
  - 第308重轰炸机大队
    - 第373中队
    - 第374中队
    - 第375中队
    - 第425中队
  - 第409轰炸机中队
  - 第426夜间战斗机中队
  - 第15照相侦察中队
  - 第21运输机中队
  - 第27运输机中队

1943年4月24日，美国陆军第十四航空队的飞行员在零陵基地上空击落1架日军司侦100型侦察机。属于日军"虎"部队的飞行员小黑荣藏被击毙。

美国陆军第十四航空队在零陵基地的飞行员，在查看被击落的带有"虎"部队标志的日军司侦100型侦察机。

2
初战不利

1943年5月4日，第十四航空队从昆明起飞B-24飞机18架、B-25飞机12架，在24架P-40战斗机的掩护下，轰炸机、战斗机混合编队经老街然后沿红河而下，空袭了河内；B-25A轰炸机和P-40战斗机编队从河内又前进到海防进行突击；B-24D轰炸机还轰炸了海南岛三亚的日军机场和仓库等目标。这次突然袭击，给日军的水泥厂、机场、码头、炼油厂和油库等设施造成了巨大破坏。突袭行动中，仅1架B-24轰炸机被地面防空火炮击中，机组返航时在老街跳伞，1名机组人员阵亡。第十四航空队首次作战取得成功，但是，接下来的作战却不顺利。

一架执行轰炸任务受伤的B-25轰炸机，在湖南芷江机场降落时坠毁，1名机组人员牺牲，3人受伤。

B-24D"解放者"（Liberator）重型中程轰炸机：乘员 8—10 人，1942 年美国联合飞机公司制造，机长 20.22 米、翼展 33.52 米、机高 5.46 米，装 4×1200 马力普拉特—惠特尼 R-1830-43"双黄蜂"型 14 缸气冷星型发动机，全重 27216 千克，最大速度 488 千米/小时，升限 8500 米，航程 3380 千米，武器 10 挺 12.7 毫米机枪、可带炸弹 4000 千克。

B-24D 重型中程轰炸机从印度的基地经"驼峰航线"飞往中国，加入美国陆军第十四航空队。

B-24D 重型轰炸机机身中部射手，可对空中目标射击，也可对地面目标射击。

B-24D 轰炸机机组人员在机前合影。这架 B-24D 轰炸机机头也画上了"飞虎队"风格的鲨鱼眼睛和牙齿。

B-24D 轰炸机机组人员在检查炸弹准备挂装。从机身涂的小炸弹标志可以看出,这架 B-24D 重型轰炸机已执行过 24 次轰炸任务。

1943 年 7 月初,从印度经"驼峰航线"飞来 6 架 P-38H 战斗机。这种飞机升限很高,对高空掩护和侦察很有价值。但是,它的耗油量很大,并不太适合缺油的中国战场。7 月 24 日,日军从广州出动 8 架"零"式战斗机突然袭击美军零陵基地。战斗中,一架 P-38H 战斗机被击落,接着在另一次战斗中又被击落 1 架,由于天气原因损失了 1 架。3 天之内连续损失 3 架 P-38H 战斗机。

7 月下旬,日军分别从广州和汉口起飞轰炸机和战斗机,对粤汉铁路沿线的中、美空军机场进行袭击。第十四航空队在衡阳、零陵、桂林基地也连续遭到日军的突袭。

在广西柳州基地的 B-24D 轰炸机,由于机场较为隐蔽很少遭日军航空兵偷袭。

1943年6月6日，日军第90战队8架99式轰炸机突然袭击中、美空军四川梁山（今重庆梁平）基地，共炸毁中、美空军20余架P-40战斗机。

日军突然袭击中、美空军在四川的梁山基地，美军第23战斗机大队飞行员恰克·塔克（Chuck Tucker）不幸牺牲。

第十四航空队新装备的战斗机

P-38H"闪电"（Lightning）战斗机：乘员1人，1942年美国洛克希德飞机公司制造，机长11.53米、翼展15.85米、机高2.99米，装2×1250马力艾利逊V-1710-49V型12缸液冷发动机，全重9065千克，最大速度636千米/小时，升限11880米，航程2000千米，武器1门20毫米机炮、4挺12.7毫米机枪，可载900千克炸弹。这是一架喷有1942年美国陆军航空队机徽的P-38H，还来不及喷新的机徽。

中、美地勤人员在熟悉 P-38H 的军械构造,对照结构图练习装、退子弹。

驻防湖南零陵基地的第 51 战斗机大队第 499 中队飞行员在 P-38H 战斗机前留影。

由于第十四航空队装备了新的机种,为了使对空监视员熟悉美军新机种的特点,陈纳德组织警报网的对空监视员到美军基地参观新机种。这是对空监视员在参观 P-38H 战斗机。

P-51 "野马" 战斗机是第二次世界大战中非常有名的战斗机。美国陆军第十四航空队从 1943 年下半年起,先后陆续装备 P-51A、B、C、D 等型战斗机。从 1944 年开始,使用 P-51D 战斗机比较多。

P-51A "野马"(Mustang)战斗机:乘员 1 人,1943 年美国北美航空公司制造,机长 9.83 米、翼展 11.28 米、机高 3.7 米,装 1200 马力艾利逊 V-1710-81V 型 12 缸液冷发动机,全重 3992 千克,最大速度 628 千米/小时,升限 9550 米,航程 1200 千米,武器 4 挺 12.7 毫米机枪,可载 454 千克炸弹。

P-51D "野马"(Mustang)战斗机:乘员 1 人,1944 年美国北美航空公司制造,机长 9.83 米、翼展 11.28 米、机高 4.20 米,装 1510 马力帕卡德 V-1650-7 型 12 缸液冷发动机,全重 5262 千克,最大速度 703 千米/小时,升限 12771 米,航程 1530 千米,武器 6 挺 12.7 毫米机枪,可载 907 千克炸弹。

地勤人员在为 P-51D 战斗机装子弹、挂炸弹，6 挺 12.7 毫米机枪一次需要装 1780 发子弹，2 个挂架可挂载 2 枚各为 450 千克的炸弹。

P-51D 战斗机左机翼下挂载的凝固汽油弹，对仓库、营房、指挥机关等破坏力极大。

从桂林基地起飞的 P-51D 战斗机编队准备攻击日军弹药库。

第 425 中队两架受伤的 B-24D 轰炸机返回基地后，战友们前去慰问。

在广西柳州基地的 B-24D 轰炸机准备出动，地勤人员正在挂装炸弹。

日军偷袭遂川机场后,一架 P-51A 战斗机夜间滑行时不慎掉进弹坑,地勤人员正在准备将飞机拖出来。

1995 年为庆祝战胜日本法西斯 50 周年,飞机收藏家和航空爱好者将 B-25 轰炸机和 P-51 战斗机重新飞上蓝天。这是 1 架 B-25 轰炸机和 1 架 TP-51(双座教练型)战斗机在模拟当年编队飞行。

第 23 战斗机大队 B-26B 轰炸机机组人员

第十四航空队装备有少量的 A-26B 攻击机。

A-26B"侵略者"(Invader)攻击机：乘员 3 人，1944 年美国道格拉斯飞机公司制造，机长 15.45 米、翼展 21.33 米、机高 5.64 米，装 2×2000 马力普拉特—惠特尼 R-2800-27"双黄蜂"型 18 缸气冷星型发动机，全重 15876 千克，最大速度 571 千米 / 小时，升限 9600 米，航程 2900 千米，武器 10 挺 12.7 毫米机枪，可载 1815 千克炸弹。

从 1943 年下半年起，日本陆军航空队开始使用改进型三菱 A6M5"零"式战斗机。

三菱 A6M5"零"式战斗机：乘员 1 人，1943 年日本三菱重工业公司制造，机长 9.20 米、翼展 11.00 米、机高 3.55 米，装 1130 马力中岛 NK1F"荣"21 型 14 缸气冷星型发动机，全重 2738 千克，最大速度 564 千米 / 小时，升限 11740 米，航程 1920 千米，武器 2 门 20 毫米机炮、2 挺 13 毫米机枪、120 千克炸弹。

8 月 21 日上午，昆明基地第 374 和第 375 轰炸机中队出动 14 架 B-24D 轰炸机轰炸杭州。按计划，轰炸机编队要与担任护航任务的 P-40 战斗机编队在衡阳上空汇合。担任护航任务的第 23 战斗机大队大队长布鲁斯·霍洛韦上校将属下的 P-40 战斗机派出参加攻击另一队日军飞机，待战斗结束后，P-40 战斗机返回基地加油、加弹后，再去执行为轰炸机编队护航的任务。B-24D 轰炸机已习惯于在没有战斗机护航的情况下战斗出动，他们没有经衡阳，而是直飞汉口，再从汉口直飞杭州。14 架 B-24D 轰炸机编队在汉口遇到日军 80 架"零"式战斗机的围攻，由于没有战斗机护航，仅仅依靠轰炸机自身的火炮反击。经过半个小时激烈的空战，美军被击落 2 架 B-24D 轰炸机（其中 1 架带队长机，中队长布鲁斯·比特少校），被击伤 11 架 B-24D 轰炸机，其中 1 架受重伤的 B-24D 轰炸机在零陵迫降。这次轰炸行动由于没有战斗机护航，造成 11 人阵亡、4 人受伤的惨剧。

8 月 21 日下午，昆明基地第 373 和第 425 轰炸机中队分别出动 7 架 B-24D 轰炸机前往汉口复仇。第 373 中队在途中因天气不好迷航返回基地，第 425 轰炸机中队只好孤军前往。7 架 B-24D 轰炸机轰炸了汉口机场，日军受到较大损失。但是，B-24D 轰炸机队遭到 40 架"零"式战斗机的攻击和地面防空火炮的猛烈射击。经过 45 分钟的战斗，有 4 架 B-24D 轰炸机被击落，1 架在返航的途中坠毁。第 425 中队的 7 架轰炸机中，仅有 2 架受伤的 B-24D 回到昆明基地。这又是一次没有战斗机护航的轰炸行动，70 名机组成员中，有 50 人阵亡、受伤或失踪。

经过这两次挫折，轰炸机机组人员深刻认识到了陈纳德曾经讲过的"没有战斗机护航，轰炸机不要轻易出动"的正确性。

日军飞行员在交战中也逐渐摸索到了陈纳德的飞行员作战的弱点。日本人对美国人使用了一套新的战术：日军飞行员驾驶"零"式战斗机编队飞临第十四航空队基地附近上空，在高空（"零"式战斗机的升限比 P-40 战斗机要高）等待，待美国人驾驶 P-40 战斗机开始爬高准备拦截日军飞机时，"零"式战斗机从高空俯冲下来，攻击 P-40 战斗机。日军飞行员只俯冲攻击 1 次，攻击后立即返回基地。日军飞行员的这一战术还真奏效，几天中连续击落美国人 3 架 P-40 战斗机。

1943 年 7 月至 8 月，美国陆军第十四航空队协同地面部队在湖南、广西两省向日军发动了猛烈进攻，日军使用最新改进型"零"式战斗机作战。两个月内，日军损失 53 架飞机，第十四航空队损失 27 架飞机。敌、我机损失比几乎是 2 比 1，不像过去 5 比 1、6 比 1，甚至 8 比 1、9 比 1。这说明日军新型"零"式战斗机技术性能有很大提高，美军使用 P-40、P-51 战斗机与日军新型"零"式战斗机空战不占太多的优势。

中国军民用小船为美国第十四航空队在中国的基地运送汽油。

初期的昆明基地因陋就简，室外搭个凉棚，空、地勤人员排队打饭就餐。

后来随着生活条件的改善，昆明基地餐厅改在室内，为其服务的大部分是中国人。

昆明基地的室内餐厅，就餐环境大为改善。

1944年圣诞节，第十四航空队在昆明举办舞会。

桂林基地的餐厅

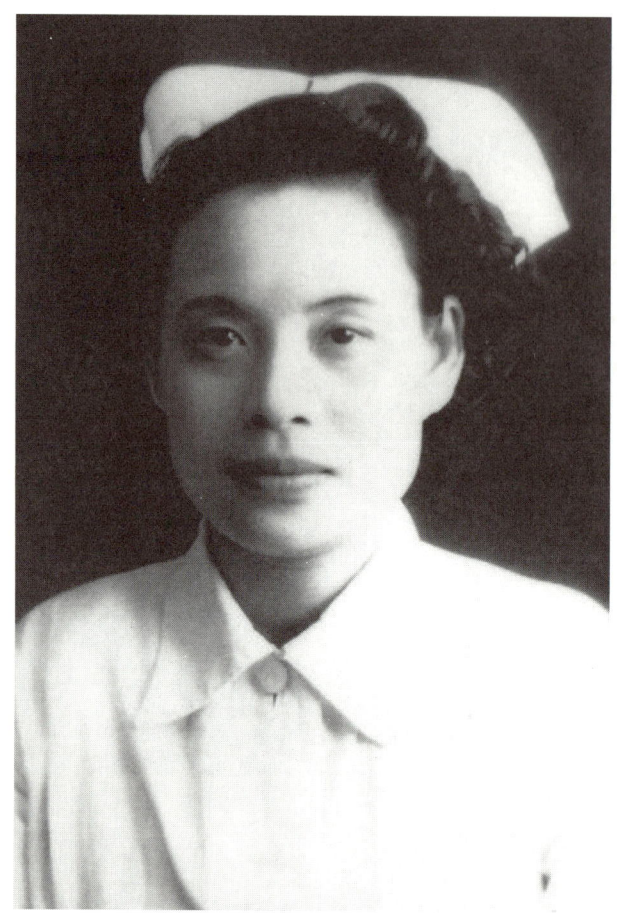

在美国陆军第十四航空队医院工作的中国护士黄欢笑

2004年，90多岁的黄欢笑在昆明观看当年第十四航空队掉入滇池的飞机打捞出水。

1944年，黄欢笑在美国陆军第十四航空队医院。

1943年12月,即将服役于第十四航空队的"飞行护士"抵达中国。

在美国陆军第十四航空队医院工作的美国护士玛格丽特

1943年,在云南省寻甸县美军医院,美军摄影师和医务人员合影。受伤、生病的援华美军人员,大部分在寻甸治疗、休养。

3
逐步掌握战场主动权

美国志愿航空队、美国驻华空军特遣队的作战行动主要是保卫重要目标、战略要地，以及支援地面部队作战；美国陆军第十四航空队则主要是配合地面部队主动向日军发起进攻。1943年7、8两个月，第十四航空队作战不顺利。在认真总结经验教训的基础上，他们采取了一些积极措施。同时，增加了像P-51这样性能优良的战斗机。在随后的战斗中，逐步掌握战场主动权，取得了比较好的战果。

1943年11月25日，由大卫·李·希尔率领12架B-25轰炸机，在8架P-38和7架P-51战斗机的掩护下，低空飞越台湾海峡，突然空袭台湾新竹机场，轰炸机投弹轰炸，战斗机利用航炮、机枪对地扫射，炸毁、击毁日军地面飞机30余架，空中击落敌机6架。12月1日，13架B-25轰炸机在24架P-40和8架P-51战斗机掩护下空袭香港及九龙日军海军基地，炸沉大型货船1艘、炸伤多艘，给日军造成重大损失。12月24日，第十四航空队第308轰炸机大队的28架B-24轰炸

第十四航空队的约翰·赫尔斯特击落2架敌机，大家向他祝贺。

第十四航空队的轰炸机、战斗机混合编队低空轰炸台湾日军控制的铁路桥。

听到警报声，第311战斗机大队第539中队的队员们快速奔向P-40E战斗机。

美国陆军第十四航空队在湖北老河口前进机场停放的 P-51B 战斗机。一群民工拉着大石滚在碾轧备用起降场地。

机，在 24 架 P-40 和 6 架 P-51 战斗机的掩护下空袭了日军重要空军基地——广州天河机场，炸毁敌机 6 架，空战中击落敌机 3 架。

1944 年 4 月，日军为使从中国东北到新加坡的战线连成一片，发动了打通大陆交通线的作战行动。4 月和 5 月，日军开始向河南、湖南等地的中国军队发动猛烈进攻。这时，第十四航空队奉命派 200 架战斗机执行保卫成都附近 B-29 轰炸机基地的任务，同时派 150 架飞机去支援史迪威在怒江对日军即将发动的攻势。这样，陈纳德只有 90 架飞机可以派往河南、湖南等战场作战。

6 月，日本人发现美国轰炸机装有机载雷达，感到十分震惊，要求日本军舰夜间航行实行灯火管制。一天，第 308 轰炸机大队第 425 中队由杰伊·列文驾驶的 B-24D 轰炸机从柳州前进机场起飞飞向

美国陆军第十四航空队第 68 飞行联队司令文森特上校向部属讲解攻击目标的位置及攻击方法、注意事项等。

在桂林基地的第十四航空队第 431 大队第 11 中队的 B-25H 轰炸机正在加油，准备轰炸日军阵地。

第十四航空队第 431 大队第 11 中队空、地勤人员合影，背景是一架 B-25H 轰炸机。

新补充到第十四航空队的 B-25J 轰炸机飞行员,在驻地陕西汉中基地合影留念。

第十四航空队第 308 轰炸机大队的空勤人员执行任务归来,在重庆广阳坝基地餐厅就餐。空勤人员的皮衣上还有国民政府航空委员会制作的救助标志。

第十四航空队第308重轰炸机大队第373中队驻防云南羊街机场，标牌上有第373中队队徽。

第十四航空队的空、地勤人员收到从老家寄来的信件。

第十四航空队司令部战勤人员在桂林二塘机场指挥室前合影留念。

海南岛。接近海南岛时，从雷达显示器的荧光屏上看到一个大脉冲信号，但不清楚是什么目标。在漆黑的夜空中，轰炸员约翰·希特尔向目标投下2枚450千克重定时炸弹，命中目标。在爆炸声中，日本人开灯并对空射击。B-24D轰炸机再次进入投弹轰炸，目标已开始燃烧，最后沉没了。事后查明，炸沉的是1艘日本海军的"永野"级巡洋舰。在日军地面部队强大的攻势下，6月26日，第十四航空队的部队被迫撤出衡阳机场，迁往零陵基地。8月8日，衡阳被日军攻陷。10月11日，日军又占领了第十四航空队在柳州的基地，陈纳德只能依托昆明等少数几个基地坚持作战。

8月8日，湖南衡阳失陷，直接威胁到第十四航空队在昆明的基地和广西桂林机场。如果华南地区全部被日军占领，陈纳德多年来在中国建立的空中警报网络系统将遭到破坏。为了保卫昆明基地和广西桂林机场，第十四航空队先后出动轰炸机、战斗机共5287架次，投弹1164吨，对地攻击使用子弹110万发；在出动的150架飞机中，损失43架。炸毁、击落敌机114架，炸毁、击毁敌卡车595辆、运输船1000余艘，敌军伤亡13000余人。

1944年11月，日军轰炸机轰炸了第十四航空队在桂林附近的李家村基地，跑道被破坏完全不能使用。

1944年8月13日,第十四航空队B-25H轰炸机在缅甸万托地区轰炸日军,支援在缅甸的中国和英国地面部队作战。

10月,美国海军航空母舰出动1000架次飞机对日军作战。第十四航空队积极配合美海军作战,在不到半年时间内使日军损失飞机500多架、舰船40多艘。12月18日,美军77架B-29轰炸机分7批对日军占领的汉口进行轰炸,使这座日军在中国的重要基地几乎完全被摧毁。

1944年6月起,美国从印度派出B-29战略轰炸机经驼峰航线到中国四川成都前进机场,对日军重要目标及日本本土实施轰炸。大批B-29战略轰炸机的轰炸行动,给日军造成巨大损失。日军根据B-29的特点采取报复手段,即在B-29返航时派出经改装攻击能力强的远程轰炸机群半道尾随B-29机群。返航的B-29机群多在高空云中航行,为防止相撞,一路都开着航行灯;日军轰炸机很容易跟踪B-29机群,一直跟着飞到降落机场上空。当时美军没有地面雷达,因而很难发现日军轰炸机。当B-29到达基地着陆时,日机突然发动袭击,同时对停放在地面的B-29实施轰炸。日军轰炸机的偷袭战术,使美军损失了几架B-29。为此,B-29不得不改变战术,即返航后不立即着陆而是隐蔽在云中,等尾随日机赶到时即降低高度,向日机发起攻击将其消灭。日军尾随攻击效果甚微,转而采取

执行支援在缅甸的中国和英国地面部队作战任务的第十四航空队 B-25 轰炸机队完成任务返回基地后，部分空、地勤人员在 B-25 轰炸机前合影留念。

夜间偷袭的方法继续攻击 B-29。于是，美军紧急调派第一种装机载雷达的 P-61 夜间战斗机到中国执行保卫 B-29 的任务。

1944 年 10 月 29 日晚，飞行员罗伯特·斯科特得到通报，65 千米外有敌机来袭。斯科特驾驶 P-61 起飞拦截。他在高度 3000 米、距离 20 千米时从雷达荧光屏上发现敌机，P-61 开始加速追击。日机以 200 千米/小时的小速度不断转弯和爬升实施机动。P-61 在 1500 米距离首先开炮，没有击中；日机继续转弯、上升机动飞行。P-61 紧追不放，在高度 1200 米、距离 600 米时，再次以 60 转/分钟的机关炮攻击日机，直接击中日机的左机翼和发动机，日机喷出一道黄烟和火苗坠落。P-61 首战告捷。

从 1944 年底到 1945 年初，第 426 夜间战斗机中队作战区域不断扩大，东至湖北的老河口，南至昆明和桂林，北到陕西的汉中、安康。P-61 在夜战中共击落 5 架敌机。

1945 年，第十四航空队在整个中国战场协同中国军队作战，并配合美海军袭击日本在台湾、香港、菲律宾等地的基地。这时，第十四航空队已在中国战场取得主动权和制空权。

第十四航空队第426夜间战斗机中队装备8架P-61B夜间战斗机，专门用于对付夜间来袭的日军战斗机和轰炸机。

P-61B"黑寡妇"（Black Widow）战斗机：乘员3人，1944年美国诺思罗普飞机股份有限公司制造，机长15.11米、翼展20.11米、机高4.47米，装2×2000马力普拉特—惠特尼R-2800-65"双黄蜂"型18缸气冷发动机，全重17200千克，最大速度589千米/小时，升限10100米，航程4830千米，武器4门20毫米机炮、4挺12.7毫米机枪，可载2900千克炸弹。

担负保卫成都附近B-29轰炸机基地任务的第426夜间战斗机中队的P-61B，为适应夜间防空作战，整个飞机涂成黑色。

P-61B装有SCR-720CAI机载雷达,夜间或复杂气象条件下发现、跟踪、瞄准敌机都要依靠机载雷达。图中机务人员取下机头罩,可以看见雷达天线(白色圆状物)。

1945年春,美国陆军第十四航空队第426夜间战斗机中队的P-61B在成都凤凰山机场。机前为第426夜间战斗机中队飞行员劳伦·雷诺少校。

1945年7月,美国陆军第十四航空队在广西柳州的简易机场,机务人员维修一架B-24轰炸机后站在翼上合影留念。

第十四航空队第 431 轰炸机大队第 11 中队机组人员在 B-25A 轰炸机旁合影留念。

飞行服上贴的"炸弹"和"鸭子",表示参加过多次轰炸日军地面部队和水面舰艇战斗活动。

执行过多次轰炸日军地面部队和水面舰艇任务的 B-26G 轰炸机及机组人员

B-26G 机组——英雄集体在飞机前合影留念。

1945年5月8日，德国无条件投降，欧战结束，极大鼓舞了中国军民和在中国战场作战的美国军人。这是中国军民在看招贴画。

美国陆军第十四航空队 | 167

战争结束了，就要回家了，换身干净整洁的衣服合影留念。这几位都是美国陆军第十四航空队的专业摄影师或摄影爱好者，他们在中国拍摄了不少照片，记录了他们不同凡响的人生，也记录了历史。

1946年12月，几位第十四航空队的军人在美国一家中餐馆举行婚礼。背景有用金纸剪贴的双喜字，透出浓郁的中国风情。有情人终成眷属，宾主笑逐颜开。

4
B-29战略轰炸机队

为了太平洋战场的需要，美国紧急研制了超远程重型轰炸机 B-29（称为"马特亨"计划）。美国政府决定，"建立一支战略性的陆军轰炸机队，命名为第20轰炸机队。直接由参谋长联席会议指挥，由陆军航空队总司令阿诺德上将任执行代理。"1944年4月10日，第二十轰炸机队成立。该轰炸机队常驻基地在印度的加尔各答，由沃尔夫将军具体负责。第二十轰炸机队的任务是：对日本本土（摧毁基本战争物资的生产，如钢铁生产基地等）、中缅印战区和太平洋战区的重要目标实施战略轰炸。中国成都作为 B-29 轰炸机队的前进基地。由陈纳德的第十四航空队负责派出战斗机保护 B-29 轰炸机队基地，在成都附近修建机场及提供后勤保障。为了保障 B-29 远程重型轰炸机安全起降，由第十四航空队雇用大量民工采用最原始的方法，有时甚至动用部队士兵，在中国成都附近的凤凰山、双流、新津、彭山、广汉等地新建和扩建了5个机场。

B-29"超级堡垒"（Superfortress）远程重型轰炸机：乘员10人，1944年美国波音飞机公司制造，机长30.18米、翼展43.05米、机高9.02米，装4×2200马力莱特 R-3350-57"塞克隆"型18缸气冷星型发动机，全重63958千克，最大速度576千米/小时，升限9700米，航程6600千米，武器1门20毫米机炮、10挺12.7毫米机枪，可带炸弹9090千克。

成千上万的民工用肩挑的方式搬运土方和石料。

民工在工地上用锤子敲碎石头,这种工作通常由老人和妇女来完成。

四川民工在修建新津机场,1架B-29轰炸机刚起飞,民工们就拉着大石滚碾轧道面。

由于没有推土机可以运过"驼峰",只能用几十名民工拉着大石滚不断地来回碾轧,压平机场跑道。

成都附近 B-29 轰炸机前进机场的跑道完成后，B-29 轰炸机即时进驻。由于民工不够用，中国军方不得不派遣士兵来帮助修建成都双流机场的联络道。

第二十轰炸机队的 B-29 远程重型轰炸机在成都附近的广汉前进基地。

执行战略轰炸任务的美国陆军第二十航空队标志

美国陆军第二十航空队的 B-29 轰炸机,从印度基地经"驼峰航线"到达正在扩建的成都双流机场。

在印度的机场,大批重磅炸弹准备装进 B-29 轰炸机弹舱,经"驼峰航线"运到中国四川成都周边的前进机场。

美国陆军第二十航空队第58联队4个大队分别进驻这些前进机场：新津第40大队、广汉第444大队、双流第462大队、彭山第468大队，此外，第1照相侦察中队驻凤凰山机场。

1944年6月，阿诺德命令沃尔夫派B-29轰炸机空袭日本本土。6月15日，92架B-29轰炸机从加尔各答基地起飞，转场到成都前进基地。其中1架途中迷航，降落在其他机场；还有几架因故障返航，只有79架到达成都附近的前进基地。经检查，有68架飞机可以执行任务。一些要人和新闻记者为了能够亲眼目睹空袭日本，都挤上了飞机。飞机加油后，于下午4时30分起飞。起飞过程中，1架B-29轰炸机坠毁。当晚11时38分，飞抵目标上空的B-29轰炸机在2500—5500米之间高度用目视或雷达瞄准进行投弹。日本人已获得预警，八幡市已实行灯火管制，灯火全部熄灭。轰炸造成大火，使目标变得难以辨认。有16架日军战斗机向B-29轰炸机开火，但没有造成损失。轰炸结束后，1架B-29轰炸机在返航途中坠毁，机上人员全部牺牲；1架B-29轰炸机在返航途中通过日军控制区上空时，被地面防空炮火击中坠地。

这次作战行动，第58轰炸机联队损失3架B-29轰炸机和30名机组人员。随行记者对这次空袭日本本土大肆渲染。6月21日，第十四航空队派侦察机到八幡市上空进行侦察，对B-29轰炸机轰炸效果进行评估，发现只有发电厂厂房和市内一些工业区遭到空袭，而主要目标八幡钢铁厂基本未受到损失。但是，阿诺德意识到了从成都起飞的B-29轰炸机空袭日本本土的宣传价值。

为了减少日军对陈纳德在中国建立的情报网络的破坏，以及对第十四航空队前沿机场的袭扰，陈纳德曾要求阿诺德派遣B-29轰炸机对华北地区的日军进行轰炸。阿诺德同意了陈纳德的要求，派出几批B-29轰炸机进行轰炸，有力地打击了华北地区的日军。以后，B-29轰炸机从成都起飞轰炸了日本人控制的东北鞍山等钢铁基地，也取得比较好的效果。

1944年6月15日，美国陆军第二十航空队从印度基地起飞92架B-29轰炸机，经"驼峰航线"到达中国四川的双流前进机场。飞机加油挂弹、空勤人员用餐后，75架（17架因故障留在双流机场）B-29轰炸机从双流前进机场起飞，飞向目标——日本九州岛。午夜时分，机组人员透过淡淡的云层辨认出了日本海岸的轮廓，地面上的点点灯火为机群指示了方向。发现目标后，带队空中指挥官抑制住激动的心情大声发出命令："目标：八幡钢铁厂，准备投弹！"日本地面防空部队发现了B-29，高炮纷纷对空射击，但因B-29飞行高度高，高炮炮

军械员正在检查炸弹，准备装进B-29轰炸机弹舱，轰炸日军重要目标。

B-29执行任务归来，机务人员提着工具箱准备维修飞机。这样的工作每天重复进行着，大家都无怨无悔。

B-29 机头前舱的领航兼轰炸员。前舱有机玻璃视线非常好，便于空中观察搜索目标。

1944 年 8 月 20 日，美国陆军第二十航空队第 58 联队从成都双流前进机场起飞 61 架 B-29 轰炸机，再次轰炸了日本九州岛的八幡钢铁厂等目标。

弹成了夜空中的礼花；日军夜间战斗机也升空拦截，B-29 依靠自身强有力的炮火击退了它们。成吨的炸弹呼啸着落向日本岛。47 架 B-29 对八幡钢铁厂等目标投弹 400 余吨，使许多高炉和厂房化为废墟，厂区顿时燃起大火，火光冲天，场景十分恐怖。B-29 轰炸机远程奔袭，首次轰炸日本本土成功！

从 1944 年 10 月起，第十四航空队对成都周围 B-29 轰炸机的前进机场又进行扩建，并加紧筹措油料和后勤保障物资，为 B-29 轰炸机对日本实施战略轰炸提供各种勤务保障。

1944 年，美国陆军第二十轰炸机队从成都附近基地起飞多批 B-29 轰炸机，对日本军事基地和工业设施等目标实施大规模轰炸。主要轰炸作战行动有：

7 月 7 日，起飞 18 架 B-29 轰炸机，轰炸日本九州岛佐世保等海军基地。

7 月 29 日，起飞 72 架 B-29 轰炸机，轰炸日军在中国东北的钢铁基地——鞍山钢铁厂，使大部分设施遭到严重破坏，钢产量减少 3/4。

8 月 20 日，起飞 61 架 B-29 轰炸机，轰炸日本九州岛的军事基地和工业设施等目标。

9 月 8 日，起飞 95 架 B-29 轰炸机，轰炸日军控制的鞍山、沈阳、大连、本溪等地的军事及工业目标，投弹 206 吨。

9 月 24 日，起飞 72 架 B-29 轰炸机，轰炸鞍山、沈阳、大连等地的军事及工业目标。

11 月 11 日，起飞 95 架 B-29 轰炸机，原计划轰炸日本九州岛大村的军事目标，因受台风影响，其中 61 架奉命改航轰炸南京，使南京的日军损失惨重。其余飞机因未收到无线电讯号，仍按计划轰炸了九州岛大村的军事目标。

11 月 21 日，起飞 109 架 B-29 轰炸机，再次轰炸了日本九州岛大村的军事目标。

12 月 7 日，起飞 91 架 B-29 轰炸机，轰炸日军在沈阳等地的机场、火车站及兵工厂等目标。

12 月 21 日，起飞 49 架 B-29 轰炸机，轰炸辽宁地区的日军基地及后勤供应设施。

B-29 机群正在投弹。由于高空投弹，在"零"式战斗机升限以上，日机无法截击；日军防空高射炮也够不着。

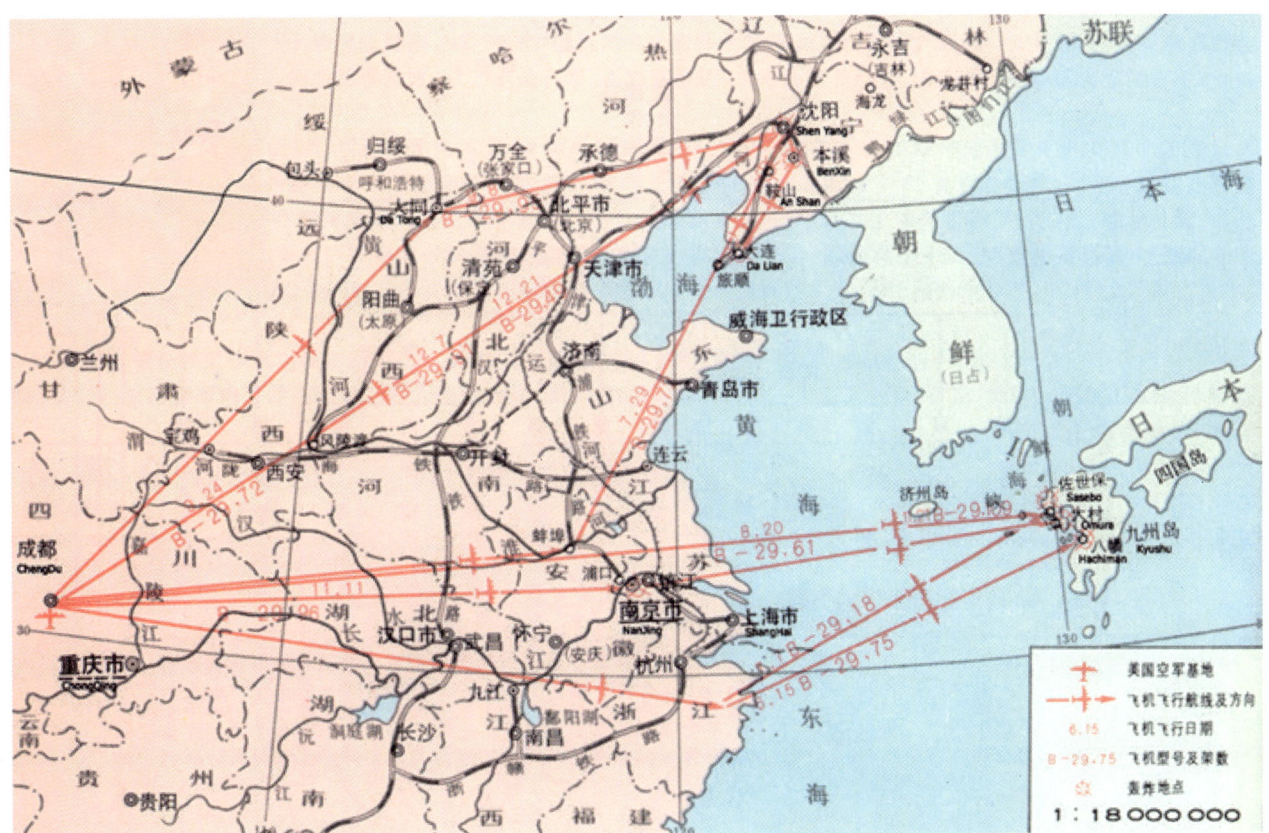

美国陆军第二十轰炸机队 B-29 轰炸机轰炸日本军事基地和工业设施示意图（1944 年 6—12 月）

中、美两军的地勤人员在维护、保养 B-29 轰炸机,随时准备执行远程轰炸任务。

B-29 轰炸机战斗出动前,地勤人员在进行地面维护准备。

第二十轰炸机队的 B-29 轰炸机群飞往日本途中

B-29 轰炸日本本土。透过有机玻璃舷窗可以看到日本富士山及另一架 B-29 轰炸机。

第二十轰炸机队的 B-29 轰炸机从成都附近基地起飞轰炸日本，由于没有战斗机护航，只能采取密集编队，依靠轰炸机自身火力进行防卫。

第 20 轰炸机队的 B-29 轰炸机在日本目标区上空投弹。

一架 B-29 轰炸机正在日本上空投弹轰炸，另一架 B-29 轰炸机在其上方照相，以便评估轰炸效果。

执行任务归来的 B-29 轰炸机在成都附近的彭山机场降落，可以看出抢修的跑道并不平整。

B-29 轰炸机编队在飞往鞍山、沈阳、大连等地，准备轰炸日军控制的军事及工业目标。

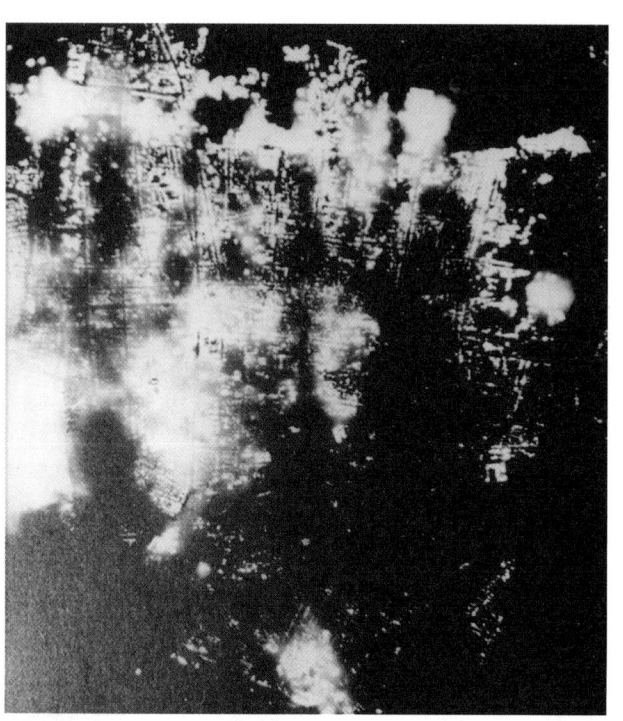

1945 年 8 月 1 日夜间，第二十轰炸机队的 B-29 轰炸机使用燃烧弹命中日本富山的铝制品中心。

第二十航空队 B-29 轰炸机从成都前进基地起飞长途奔袭，在日本海炸沉为日军运送军火的日本商船。

停放在缅甸密支那前进机场的美国陆军第二十轰炸机队 B-29 轰炸机，随时准备转场到成都基地或直接轰炸中国境内日军重要目标。

第二十轰炸机队第 468 大队第 792 中队的 B-29 轰炸机

一位 B-29 轰炸机飞行员在轰炸机前留影。机头炸弹标志表示执行轰炸任务，骆驼表示执行运输任务。

1944 年 11 月 21 日，从成都前进机场起飞的 109 架 B-29 远程重型轰炸机完成轰炸日本九州岛的任务后返航，由于没有战斗机掩护，B-29 编队在航行中不断受到日军战斗机的偷袭，其中 6 架 B-29 被击落，有 4 架受伤。第 462 轰炸大队第 770 中队的斯坦·布朗（Stan Brown）上尉机组，发现油料所剩无几，难以返回成都双流机场降落。他和副驾驶普格摩尔（Puge Moore）经过仔细搜寻，终于找到一座岛屿上的小机场。跑道非常短，正、副驾驶员密切配合，精确柔和操纵飞机，超低空进场，落地后连续不断地使用刹车，最后飞机在跑道的尽头停住了。后来一打听，这是重庆珊瑚坝机场，跑道只有 750 米长、46 米宽。B-29 远程重型轰炸机竟然能够在这样的小机场安全降落，真是航空史上的奇迹！

停放在成都双流基地的美国陆军第二十轰炸机队第 58 航空联队第 462 轰炸机大队的 B-29 轰炸机。中午时分，参加修整机场的当地农民正捧着饭碗吃饭。当时四川农民的典型穿戴：身穿长夹袄，头裹白头巾，脚穿布袜子及草鞋。

第二十轰炸机队第 468 大队在四川彭山机场的 B-29 机群，准备出动轰炸日本本土。

一架轰炸日本本土返回的 B-29 轰炸机在彭山机场降落，机场已经聚集了许多欢迎的人。

一架轰炸日本本土的 B-29 轰炸机在彭山机场降落，滑行中左起落架损坏造成机翼接地，螺旋桨触地变形，勤务人员都跑过去准备抢修。

为了让这架重型轰炸机飞回基地，中国军队及民工把跑道加长至 1150 米。斯坦·布朗和中国战区美军工程师一起经过测算，把飞机上能够拆卸的物件全部撤除，以减轻重量。B-29 顺利起飞，返回成都双流机场。

1944 年 12 月 7 日中午时分，奉天（沈阳）城里响起警报。与以往一样，在工厂做劳役的美军战俘们都被带回战俘营，并全都集中到战俘营的一层。不久，战俘营南面的日本工厂突然响起轰隆隆的爆炸声。战俘们感到事态严重，马上与日军看守沟通，在得到允许后，他们都离开营房趴在操场的空地上。当炸弹爆炸声和飞机轰鸣声消失后，日军命令所有战俘回到营房去。但又一批 B-29 轰炸机飞过来，所有战俘又都跑到操场上。B-29 轰炸机轰炸日军弹药库并向战俘营投弹。这次轰炸造成 19 名战俘不幸遇难，包括 14 名被俘 B-29 机组人员，另有 30 多名战俘受伤。按照国际惯例，各国的战俘营都要清楚地标示出来，从空中能够识别。但日本不但没有遵照国际惯例，而且安排盟军战俘在容易受到攻击的军工厂、机场等场所从事劳役，才酿成了这一惨剧。

斯坦·布朗上尉和机组人员在 B-29 轰炸机前合影

被误炸牺牲的 14 名 B-29 机组人员

5
生命的跑道

1944年6月27日,美国陆军第十四航空队云南驿基地接到报告,罗伯特·威瑟尔霍夫特中尉在云南西部的兰坪县执行任务时身患重病。兰坪民众精心照料罗伯特·威瑟尔霍夫特中尉,但是小山村缺医少药,罗伯特中尉急需救治。美军派出一架小型飞机从云南驿基地前来救助,但兰坪上空乌云密布,能见度很差,连续2天找不到降落地点。6月29日,罗伯特中尉病情恶化。美军只得从基地派出医疗队乘吉普车从陆路赶往兰坪,经过5天5夜艰苦跋涉,于7月3日到达兰坪。这时,罗伯特中尉呼吸困难,生命垂危,必须及时送往美军战地医院抢救。但是,从兰坪到在印度的美军战地医院有10天的路程,到保山或云南驿战地医院至少需要5天,罗伯特虚弱的身体已禁不住路途的颠簸和劳累。兰坪农民建议在空旷的山谷里为营救飞机修建一条临时跑道,美军医疗队认为值得一试。修建跑道意味着与时间赛跑,赢得了时间就赢得了罗伯特的生命。在艰难的条件下,经过3天3夜艰苦奋战,一条临时跑道建好了……

美国陆军第十四航空队云南驿基地的威尔士驾驶L-4A"风笛手"小型联络机,在临时跑道上安全降落,兰坪民众将罗伯特抬上飞机。罗伯特·威瑟尔霍夫特中尉终于得救了。

为了救治罗伯特·威瑟尔霍夫特中尉,美军医疗队乘吉普车长途跋涉赶到兰坪。

兰坪的山谷。为了救治罗伯特中尉,人们用原始、简陋的工具,要在这高低不平的坡地修建平坦的临时跑道。

兰坪农民在挖取石块。

兰坪农民冒雨搬来石块修建临时跑道。

兰坪的民众和美军医疗队人员都在期盼临时跑道能够早日修好,以便将罗伯特中尉早日送到战地医院抢救。

人们都奔向临时跑道迎接救援飞机的到来。

驾驶员威尔士在L-4A"风笛手"小型联络机旁。

L-4A"风笛手"(Piper)小型联络机

兰坪民众抬着罗伯特中尉涉水过河,将他送到临时跑道。

兰坪民众背着美军医疗队人员涉水过河,赶往临时跑道。

兰坪民众将罗伯特中尉抬上飞机。

6
营救美国飞行员

抗日战争期间，从美国志愿航空队、美国陆军第十航空队第 23 战斗机大队到美国陆军第十四航空队，在空中被日军飞机击落、击伤，或飞机发生故障，飞行员被迫跳伞或者迫降，都会得到中国人的救助。其中部分美国飞行员得到新四军、八路军的营救。原"飞虎队"成员杰克·萨姆森编写的《陈纳德》一书中就有在中国华东地区作战"被打下的美国飞行员均被中国的新四军救起"的记载。

为了使美军飞行人员能够及时得到救助，中国"航空委员会"专门制作了可以缝在飞行员的飞行

美军制作的印有中文、英文、缅甸文"我们是美国空军，来华助战打日本鬼子，请把我们送到有中国军队或有美国人的地方"及美国国旗的救助标识

中国"航空委员会"制作的印有中国国旗及"来华助战洋人（美国），军民一体救护"字样的救助标识

当年昆明街头随处可见营救美军飞行员的招贴画。

服或工作服上的救助标识。美军也制作了印有美国国旗和中文、英文、缅甸文等文字的求助标识。当时，有人称这些标识为"救命符"、"血票"。

新四军、八路军营救的美国飞行员有多少？由于受战争年代条件限制，有些资料没有保存，有些保存的资料散失了，已无法统计被营救的人数及他们的姓名。但是，今天我们仍能找到一些幸存的珍贵史料。这些珍贵的史料，又让人们重新看到了当年中、美两国军民共同抗击日本法西斯的战斗情谊。

1944年2月11日，美国陆军第十四航空队32架轰炸机和战斗机编队由桂林空军基地起飞，远程奔袭轰炸被日军占领的香港启德机场。美军混合编队临近目标时，遭遇日军"零"式战机拦截。第68飞行联队第23战斗机大队第76中队飞行员唐纳德·克尔（Donald Kerr）中尉击落一架企图攻击美军轰炸机的敌机后，遭到3架日军战斗机攻击。唐纳德·克尔的座机油箱中弹起火，他跳伞后降落在新界观音山沙田坳，脸部、手腕和腿被烧伤。送信路过的中共东江纵队港九独立大队市区中队交通员李石发现了受伤的克尔。由于语言不通，他打手势示意克尔跟着他走。这时，四周都是搜索克尔的日军，李石先把克尔藏起来并引开日军，随后将情况报告给了港九大队沙田区民运干部李兆华。李兆华随即向上级报告，并于当晚给克尔送来食物和棉被，将他转移到一个更隐蔽的地点。一周后，港九独立大队短枪队队员邓贤带领两名队员找到克尔。在港九独立大队大队长蔡国梁指挥下，短枪队队长刘黑仔、海上中队中队长罗欧锋率领游击队员接力护送受伤的克尔，将他从九龙半岛偷运到深圳土洋的东江纵队司令部。当时克尔伤口发炎，双脚肿得厉害，游击队员詹云飞、陈勋等人抬着克尔上船，

八路军将领李达与被八路军营救的美国飞行员合影。

1944年夏天，冀热辽军区特派记者罗光达在河北昌黎采访被八路军营救的美国飞行员。

被中国军民营救的美军飞行员骑着马，由中国军人护送到美军基地。

1944年4月，中共东江游击队港九独立大队队员与被营救的美军飞行员合影。

美国陆军第十四航空队飞行员唐纳德·克尔上尉夫妇照片

将他送到一户安全、隐蔽的村民家。经过一个多月的调养，克尔基本康复。后在东江游击队港九独立大队、英军战地服务团及中国军队的共同协助下，克尔和护送人员化装成商人，几经辗转回到桂林空军基地。

唐纳德·克尔中尉经历了48天的被营救生活，写下了50多页的日记，真实记录了这段艰苦的经历。临别前，他给东江纵队留下了一封感谢信和5幅漫画，感谢他们的救命之恩。东江纵队欢送唐纳德·克尔中尉返回桂林基地时，以坪山人民的名义向他赠送了一面锦旗，以表达对美国支援中国抗战的感谢。60多年后，唐纳德·克尔中尉的后代就是凭借这面锦旗落款的地点，找到了深圳市坪山区开始他们的感恩之旅。

寻找当年的救命恩人，一直是唐纳德·克尔的最大心愿，但始终没有机会如愿。1977年和2006年，克尔和妻子相继去世。他的两个儿子从小就多次听父亲讲述当年被中国游击队员营救的故事。为了却父亲的遗愿，两个儿子安迪和大卫开始了赴中国的感恩之旅。从2008年起，他们先后十余次到深圳、广州、东莞、桂林、香港等地，在东江纵队后代人的帮助下，寻访父亲当年的脱险路线，并寻找曾经参与营救的游击队员。如今，唐纳德·克尔中尉的后代与东江纵队老兵的第二代和第三代已经成为好朋友并保持联络。

2009年3月4日，唐纳德·克尔的儿子安迪·克尔和大卫·克尔夫妇参观了中国人民革命军事博物馆，克尔兄弟向中国人民革命军事博物馆赠送了3张父亲当年的照片。他们表示：我们的父亲很荣幸，能和伟大的中国人民并肩作战并被中国人民营救。我们作为后代同样很感激，是中国人无私地帮助营救了我们的父亲。现在，我们希望能够寻找当年父亲的中国战友，寻找父亲在华的战斗足迹。我们更希望能够做永远的朋友。他们表示，将把在美国收集的"飞虎队"照片和文物赠送给中国人民革命军事博物馆，并说"放在这里是最好的选择"。克尔兄弟还拜访了94岁的原东江纵队华侨服务团团长叶锋，重温了中、美两国人民的战斗情谊，并表示要继续讲述美军飞行员援华抗战，以及中国民众、游击队救助美军飞行员的故事，让中、美两国人民的友谊世代保持下去。

1944年5月5日，第十四航空队从湖南零陵基地起飞10架轰炸机，在20架P-51战斗机的掩护下突袭日军汉口基地，其中1架P-51战斗机在湖北监利上空因机械故障失去控制，飞行员被迫跳伞。跳伞时，飞行员的右腿撞到了机尾；飞机掉进下凤湖里，村民在稻田里发现了浑身被降落伞包裹着的飞行员。面露恐惧、右腿带伤的飞行员从衣服里摸出一个翻译本，并用生硬的汉语说了两个字——"美国"。村民把飞行员和他的降落伞一同抬进了保长家里。保长识字，他看了看翻译本，知道这是一名美国飞行员，于是迅速通知在附近活动的新四军和游击队。在当地中国百姓的全力帮助下，这名飞行员躲过日军的一次次搜索，然后被接到附近的新四军驻地。这名飞行员叫叶里洛拉，驾驶的P-51战斗机机号为7369949。新四军为他做大米饭、炒鸡蛋。由于饮食习惯的差异，一天，叶里洛拉敲打搪瓷碗，嘴里喊着"Sugar，Sugar"。略懂几句英语的新四军第5师襄南指挥部秘书夏夔知道他要"糖"。根据地买不到白糖，新四军战士就化装到日军占领区的新沟镇购买了1斤白糖。叶里洛拉拿到白糖非常高兴，他把铁锅洗干净，点火做饭，比画着要夏夔帮他添柴加火。他把煮熟的大米饭倒在锅里，再加上两勺白糖翻炒几下，装进搪瓷碗，笑嘻嘻地吃了起来。不久，叶里洛拉被转送到湖北大悟山新四军第5师师部。为了照顾美国飞行员的生活，在泉水寺为他安排了住处（戏称"国际招待所"），准备了新被子和蚊帐；还抽调1名曾在武汉做过西餐的教导员，专门为叶里洛拉烤面包、烧牛排、猪排……一个拿枪的中国军人，在山村里用原始的锅灶、简陋的厨具做出了地地道道的西餐，使叶里洛拉深受感动。

以下是美国陆军第十四航空队的官方记录："（1944年6月28日）今晚，叶里洛拉终于重新回到了中队，离死亡只有一步之遥的他，被新四军游击队解救并送回驻地。他遇到了第449团的格雷格，然后一起返回，并带回一把日本仪式刀、一把手枪、一本相册、旗帜……人人都在感恩节感激叶里洛拉能够安全回来！"回到驻地的叶里洛拉立即给家人写信，将自己被中国人营救的经历告诉家人。归队后不久，叶里洛拉被晋升为上尉，并在后来的战斗生涯中获得了一枚杰出飞行十字勋章和一枚紫心勋章。

后来，在鄂豫皖地区被营救的美军飞行员都辗转经重庆回到美国。为了营救美军飞行员，有些新四军、八路军负了伤，有的牺牲了。

1944年7月3日，八路军总指挥朱德收到陈纳德将军的一封亲笔信："美国飞行员在被迫跳伞

新四军干部夏藜（左）与被营救的第十四航空队飞行员叶里洛拉交谈。

新四军欢迎被营救的美国飞行员并与他们交谈。

新四军指战员与第十四航空队飞行员叶里洛拉（中）合影。

2010年10月,叶里洛拉在湖北红安县参观李先念纪念馆。他表示,非常感谢当年李先念赠送他日本仪式刀、手枪、相册和旗帜。

2010年12月18日,叶里洛拉和夫人在中国又见到了当年接待、照顾他生活的原新四军第5师襄南指挥部秘书夏夔(左1)。新四军第5师共救助过7名美国飞行员,其中4名是在武汉地区。

2009年1月21日,"纪念中美建交三十周年图片展"开幕式上,叶里洛拉(右)将当年在中国获救时随身携带的"护身符"赠送给中国人民对外友好协会副会长李小林女士。李小林的父亲、已故中国前国家主席李先念抗战时任新四军第5师师长,曾多次看望获救后疗伤的叶里洛拉。

时多次被你们营救，我非常感谢你们。特别是叶里洛拉和格雷格被你们的游击队战士所营救，他们做了光辉的工作，深深地感动着我，也赢得了我们全体成员的赞誉。"陈纳德后来在回忆录中提到此事时说，"有数百名美国飞行员的生命，是那些帮助过他们的中国农民、游击队员和军人赐予的。他们冒着自己被杀，甚至自己的家族、邻居被株连的危险，把美国飞行员带到安全地带。"

2010年10月13日，做过两次心脏手术、放了9个支架，还装有心脏起搏器的86岁的格伦·本尼达（就是当年报道中的"叶里洛拉"）经过13小时的长途飞行，坐着轮椅和10位亲属飞越太平洋来到中国北京，随后又飞到武汉。格伦说："我第一次到中国，是一名帮助中国抗战的飞行员；66年后和家人一起来到这里的我，是一个心怀感激的人，感谢中国人民当年对我无私的帮助，也感激中国人民现在为发掘我驾驶过的战机、实现我的心愿所做出的巨大努力。"因身体状况不允许，他不能到距离武汉数百千米的湖北监利县罗家村去看望救过他的村民，没法再看看埋藏他的P-51战机的下凤湖了。他的儿子爱德华一行9人代表他到了罗家村，完成了家族"感恩"之旅。听说叶里洛拉的儿孙们来了，远近的乡亲都跑过来，围住美国"亲人"。语言虽然不通，但他们彼此紧握双手，以微笑和手势传递心声。爱德华和村民互留联系方式，约定将美好情谊世世代代传承下去……

2011年5月11日，美国飞虎队老兵格伦·本尼达（即叶里洛拉）部分骨灰安放仪式在湖北红安县李先念故居纪念园举行，本尼达夫人埃莉诺·本尼达和两个儿子献花。1944年5月，格伦·本尼达在中国作战时不幸被日军击落，中国军民经过60多天努力将其护送至美军基地。60多年来，本尼达一直难忘中国人民的救命之恩，决定去世后将部分骨灰安放在中国。

被营救的美国飞行员在休闲娱乐。

新四军领导人李先念（前排左3）与被营救的美国飞行员合影。

1944年8月，新四军第四师师长张爱萍（前排左2）与被营救的美国飞行员合影。

新四军领导人李先念（前排右2）与被营救的美国飞行员合影

当年被新四军营救的美国飞行员住过的泉水寺旧址。

40年后的1984年，当年的新四军第4师师长、时任中国国防部长的张爱萍访问美国时，与当年被新四军营救的尚健在的美国飞行员会面，大家一起共叙中、美两国军民共同抗击日本法西斯的战斗情谊。

1944年8月，被新四军营救的5名美国陆军第十四航空队飞行员在新四军驻地合影。

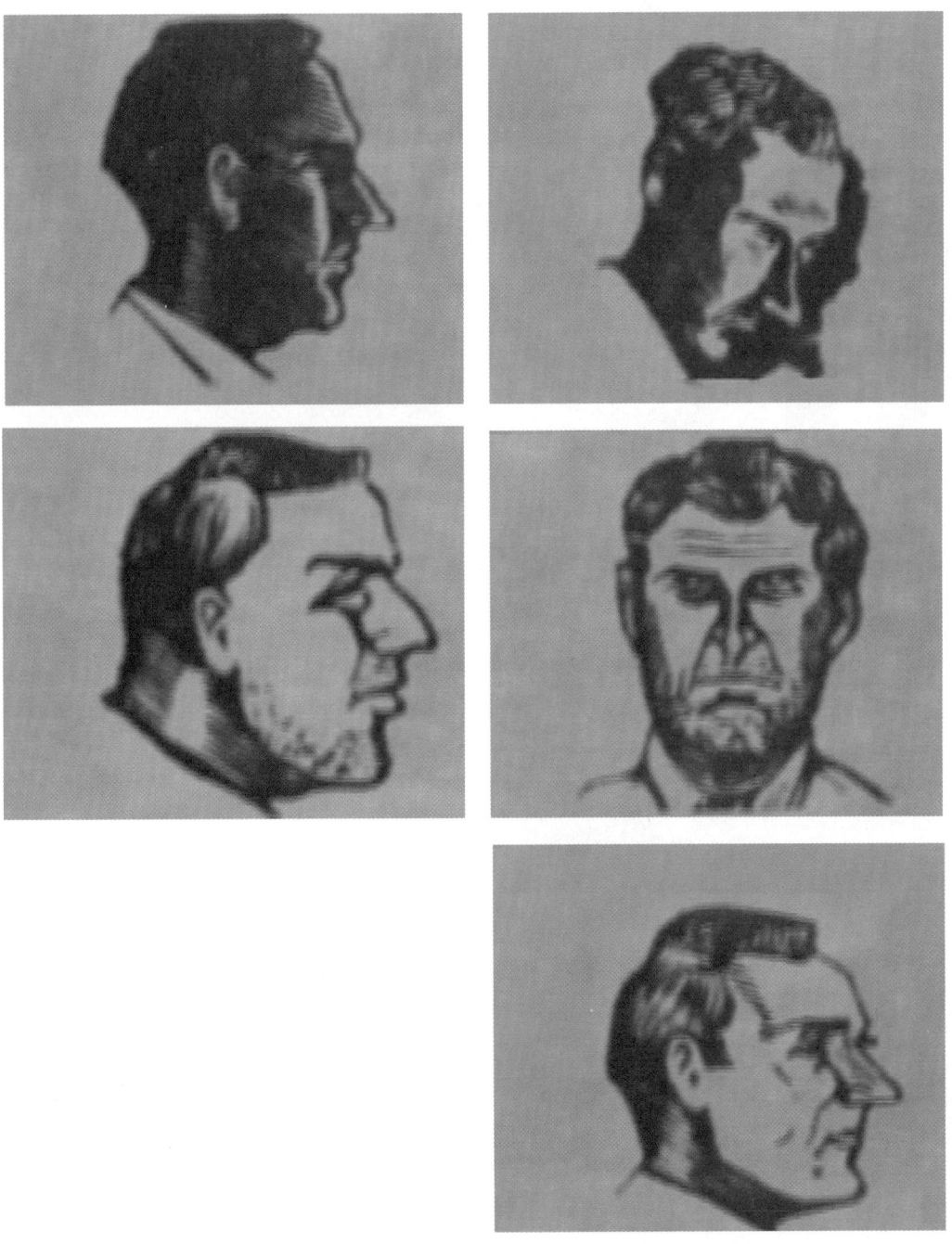

当时没有摄影条件，新四军的美术工作者就采用木刻的方式记录了部分被营救的美国飞行员的头像。

陈纳德和"飞虎队"
中美空军混合团

陈纳德领导的美国志愿航空队受雇于中国政府，其编制序列在中国空军之内；美国志愿队改编为第23战斗机大队（美国驻华空军特遣队）后，其编制序列则属美国陆军第十航空队，但在中国境内的作战行动仍然受中国军方领导。第23战斗机大队扩编为美国陆军第十四航空队后，无论是在编制体制方面还是在作战行动方面，都直接受美国军方领导和指挥。

随着美国对华军事援助的不断增加，中国空军已经具有相当规模。为了使中国空军在组织领导、作战指挥、战备训练、勤务保障等方面都能够与美国陆军航空队基本一致，使中、美空军能够更好地协同作战，陈纳德建议组建中、美两国空军混合联队，由他本人指挥。陈纳德的建议被中国军事当局采纳，中美空军混合团随之成立。中、美空军联合作战，不仅给日军以沉重打击，而且使中国空军从与美军一起作战、训练中学习到许多宝贵的经验，锻炼、造就了一批与美式装备相适应的飞行员、指挥员及勤务保障人员。

1 中美空军混合团

1942年，中、美双方根据"租借法案"，商定派遣中国空军各部队飞行员轮流赴印度空军基地进行初级飞行训练，然后到美国亚利桑那州的鲁克和雷鸟空军基地进行高级训练，并接回美制P-40、P-38、P-51、P-66、B-24、B-25等作战飞机。中国空军第1、第3、第5大队人员分两批（每批4个月）前往受训。训练课目包括驾驶技术（含基本驾驶、特技、编队和战斗飞行等）以及轰炸、射击技术。1943年春，中国空军已有了一批新式飞机和驾驶新式飞机的飞行员，战斗力得到提高，战斗活动也逐渐增多。

为了使中、美空军能够更好地协同作战，1943年6月，陈纳德建议由中、美两国空军组成混合联队。陈纳德的建议被中国军事当局采纳。于是蒋介石向美国政府施加压力，请求美国提供新型作战飞机。为了求得以最小代价维持中国军队继续作战，罗斯福总统敦促陆军航空队总司令阿诺德将军将少量飞机与备用零件拨给中国空军。阿诺德勉强同意中国飞行员在接受陈纳德节制的条件下，可以使用美国提供的军援飞机作战。1943年2月，阿诺德到中国与蒋介石、陈纳德会谈。陈纳德把握时机，向阿诺德陈述一个月前他的建议遭到中印缅战区总司令史迪威拒绝一事。陈纳德建议由美军人员训练中国飞行员和机械师，并将中国空军的俄式装备换成美制战斗机和轰炸机。陈纳德的建议得到阿诺德的首肯，同时也得到中国军方的积极配合。尽管参谋本部与史迪威强烈反对，但5月在华盛顿举行的三边（中国军方、史迪威、陈纳德）会议中，陈纳德终于得到罗斯福本人对成立中、美空军混合联队的支持。

中美空军混合团第3大队（战斗机大队）率先于1943年7月31日在印度半岛马利尔（Malir）军营成立，所属第28及第32中队，10月9日开始训练，至10月28日结束，每个中队接收10架P-40飞回国内参加对日作战。

1943年11月5日，中美空军混合团（Chinese American Composite Wing，简称CACW，美国人称"中美空军混合联队"或"中美空军混合大队"，中国人按传统习惯称"中美空军混合团"）在桂林成立，其指挥所设在桂林。中美空军混合团隶属中国空军序列，但归美国陆军第十四航空队司令陈纳德指挥。中美空军混合团的装备与当时美国陆军航空队装备一样，都是当时比较先进的战斗机和轰炸机。全体人员在印度马利尔集中进行训练，由美国陆军第十四航空队在印度组建作战训练单位，负责训练中国战斗机、轰炸机空勤人员及地勤维护人员。

中美空军混合团团徽。龙代表中国空军，虎（美国志愿航空队的标识）代表美国空军，破碎的日本旗表示中、美空军一定能够战胜日本法西斯。

中美空军混合团在桂林的基地每天都要举行升旗仪式，升起中、美两国国旗。

中国军事委员会委员长蒋介石（中）与美国陆军第十四航空队司令陈纳德（右）

中国空军总司令周至柔和美国陆军第十四航空队司令陈纳德

中美空军混合团由中国空军第1、第3、第5大队和美国陆军第十四航空队部分人员共同组成。从混合团的司令到中队长各级指挥官，均由中、美双方各派一人担任，飞行员和勤务人员中方约占三分之二。中美空军混合团司令：中方为张廷孟上校，美方温斯洛·摩尔斯（Winslow Morse）上校（后晋升为准将）；副司令：中方为蒋维黻中校，美方裴纳特（Palater）上校。

中美空军混合团暂编军官246人、士官575人。主要装备B-25轰炸机和P-40、P-43、P-47、P-51等战斗机。混合团的作战、训练和勤务补给等，由混合团驻地的空军路区司令部负责，混合团中方司令由驻地的路区司令兼任。1944年中，中美空军混合团司令部移驻重庆白市驿，混合团中方司令由驻重庆的第一路司令官张廷孟兼任，但由副司令蒋维黻负实际责任。混合团美国空军3个大队分别驻防桂林、赣州、遂川等地；中国空军3个大队分别驻防梁山、汉中、老河口、恩施、芷江等地。

中美空军混合团主要基地常驻兵力：重庆白市驿基地，24架P-40C/E/N战斗机、2架P-40M（后期增加P-43）夜间警戒巡逻机，后期增加24架P-51A/D战斗机；四川梁山基地，10架B-25A轰炸机、24架P-40C/E/战斗机；湖南芷江基地，10架B-25A轰炸机、24架P-40C/E/N战斗机，后期增加24架P-51A/D战斗机；陕西安康基地，8架P-40C/E/N战斗机；陕西南郑基地，12架P-40C/E/N战斗机；湖北恩施基地，12架P-40C/E/N战斗机，后期增加8架P-36C战斗机。中美空军混合团常常转场到广西桂林、湖南衡阳、湖北老河口、江西遂川等基地实施机动作战。

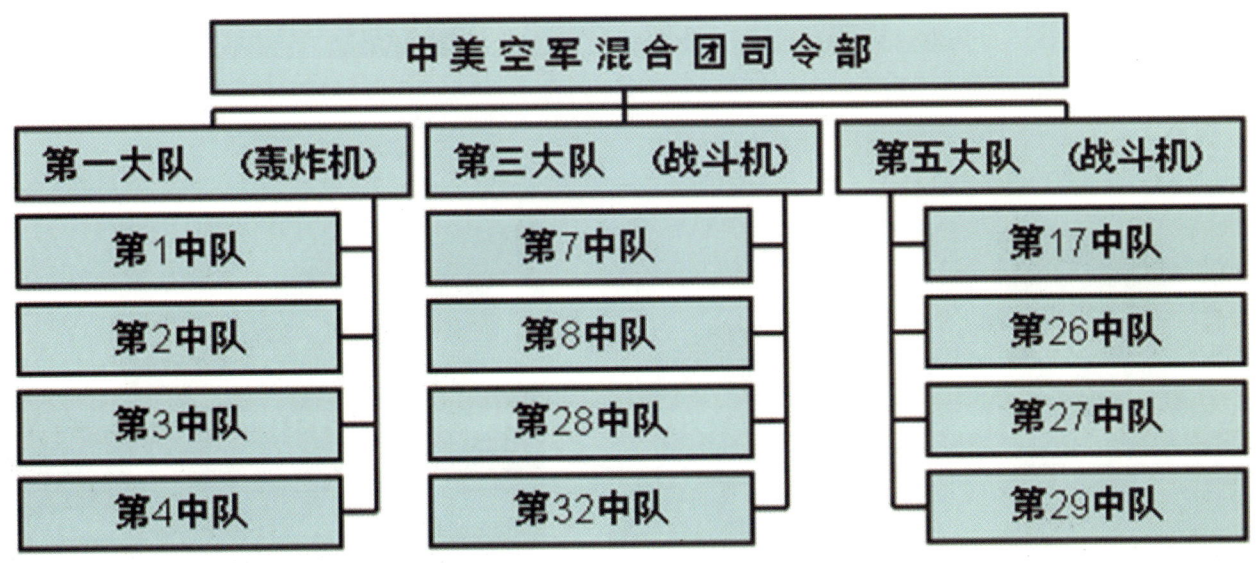

中美空军混合团战斗序列图

中国航空委员会主任周至柔（中）、中美空军混合团第5大队大队长张唐天（右）、美国陆军第十四航空队丹宁大队长（左）合影。

中美空军混合团美方司令温斯洛·摩尔斯准将（左）与中方副司令蒋维黻上校

中美空军混合团第3大队中方大队长苑金函（中）与美方大队长阿兰·贝内特（右）在P-40战斗机前。

中美空军混合团第5大队美方第二任大队长丹宁

中美空军混合团第3大队美方副大队长鲍尔

中美空军混合团双方大队长一级指挥官合影

中美空军混合团美方指挥官合影

1944年6月，中美空军混合团司令部由广西桂林迁至四川重庆白市驿。这是白市驿基地指挥部，旗杆上有中、美两国国旗。

中美空军混合团重庆白市驿基地指挥部

中美空军混合团白市驿基地停放的 P-51 战斗机

保卫白市驿基地的高射机枪部队向来犯的日军飞机射击。

保卫陪都重庆的中国探照灯部队操作人员正在调整探照灯。

美国陆军第十四航空队司令陈纳德少将视察中美空军混合团，与美方飞行员交谈。陈纳德指着飞行服上的"飞虎"标识，希望美国飞行员发扬"飞虎精神"。

中美双方根据"租借法案"，商定派遣中国空军飞行员轮流赴印度进行改装训练，并接回 P-40、P-43、P-66 等飞机。图为 1943 年，中国当局最高领导人蒋介石（右1）参加开罗会议回国途中，在卡拉奇看望、慰问在印度受训的中美空军混合团中方人员。

蒋介石（戴礼帽者）在卡拉奇与受训的中美空军混合团的中方人员及美军教官合影。

2
中美空军联合作战

中美空军混合团除单独执行作战任务外，常常与中国空军部队及美国陆军第十四航空队联合遂行作战任务。无论是中、美空军双方联合作战，还是中美空军混合团与美国陆军第十四航空队联合作战，事前双方领导人要举行会谈并认真进行准备。会谈的内容包括：攻击目标的时间、地点，双方出动兵力的配备，遂行任务的方法，作战的组织指挥、通信、联络及协同动作，以及战勤勤务和后勤勤务的保障等。通常，重大作战行动都由中国航空委员会主任周至柔和美国陆军第十四航空队司令陈纳德将军举行会谈并做出纪要，然后分别向部属有关人员传达并执行；作战任务完成后，双方都要写出作战报告送交中国最高当局。随着中国空军空、地勤人员不断增加，航空装备不断改善，其战斗力不断提高。中、美空军之间联合作战越来越多，作战规模也越来越大，逐步取得了中国战区的制空权，有力地配合、支持了中国陆军反击日本侵略军的行动。

1944年3月25日，中美空军混合团美方司令温斯洛·摩尔斯准将由云南昆明飞到重庆，与中国航空委员会主任周至柔会谈，中美空军混合团中方副司令蒋维毂上校参加会谈。关于作战准备事宜，双方会谈要点如下：1. 派2架P-40M照相侦察机进驻四川梁山（今重庆梁平）基地，担任战场侦察和作战效果评估照相侦察任务；2. 安排准备转赴梁山基地的中、美人员食宿事宜；3. 伤员及时后送及转运问题；4. 在四川梁山、湖北恩施、陕西安康和南郑、河南南阳等基地建立无线和有线通信网事宜；5. 配备梁山、恩施、安康三个基地地面运输车辆及车型、数量事宜；6. 决定交给中方补给品数量，除去各站场现有的700吨外，再在云南沾益交付1100吨补给品；7. 为适应低空投弹轰炸，改装炸弹，换装延时引信；8. 提前完成梁山基地飞机掩体及其联络道工程；9. 派2架P-43A担负梁山基地夜间警戒巡逻任务；10. 安排战斗机使用火箭弹攻击桥梁等目标的试飞。通过中、美双方会谈，上面这些问题都很快得到落实、解决。这样的双方会谈经常举行并做出纪要，便于执行评估及存档。

1945年,中美空军混合团第1大队第1中队队部设在陕西汉中一座教堂内。这是4名美军空勤人员在队部门前合影留念。

汉中一座教堂有许多空房,成为中美空军混合团第1大队第1中队人员的宿舍。

中美空军混合团第 1 大队部分空、地勤人员在汉中机场 B-25 轰炸机前合影。

中美空军混合团第 1 大队第 1 中队的中、美机组人员在 B-25 机前合影。

中美空军混合团的双方机务人员在 B-25 轰炸机前合影留念。

中美空军混合团在湖南芷江基地的营房,寒冷的冬天已被冰雪覆盖。

驻四川梁山基地的中美空军混合团第 3 大队第 7 中队队部

1943 年,中美空军混合团第 3 大队第 7 中队的中、美空军飞行人员合影。

中美空军混合团第 3 大队第 7 中队中方中队长徐华江（吉骧）

中美空军混合团第 3 大队第 7 中队美方中队长里德（William Reed）少校

中美空军混合团第 3 大队第 7 中队的中、美航空人员在 P-40 战斗机前合影。"飞虎队"即美国志愿航空队没有中国飞行员，全部是美国飞行员。中美空军混合团的 P-40 战斗机机头也绘有鲨鱼嘴巴，后来有些报纸、书刊的文章把中美空军混合团中的中国飞行员误称为"飞虎队员"。

中美空军混合团的作战方针是：协助中国地面部队作战，削弱日军在中国大陆上的进攻力量，并打击日本驻华航空部队，以获得空中优势。中、美空军并肩作战，在打击日本侵略者的战斗中取得了积极的战果。

1943年11月25日，中美空军混合团第1大队和美国陆军第十四航空队出动14架B-25轰炸机，在7架P-51、8架P-38战斗机的掩护下，穿越台湾海峡，突然对日军新竹机场上的百余架飞机进行轰炸和扫射，炸毁日军飞机16架。日军战斗机紧急起飞拦截，轰炸机、运输机则紧急疏散。空战中，击落日军6架战斗机、6架轰炸机、2架运输机，中美空军混合团仅1架P-51和1架B-25受轻伤。

1945年春，中美空军混合团第17中队中队长拉姆斯（Glyn Ramsey）少校在湖南芷江。

中美空军混合团第1大队第4中队的B-25H轰炸机

被炸后的日军驻台湾新竹基地

中美空军混合团第3大队的中、美飞行人员在广西桂林李家村机场。

12月1日,获悉日军40架战斗机经海运到达香港九龙码头,正准备卸船,尽管当时香港天气不好,乌云滚滚,能见度低,但中美空军混合团果断起飞13架B-25、7架P-51、8架P-38飞抵香港九龙码头上空。中、美空军飞行员从云隙寻找目标,精确推测日军舰船位置,炸沉、炸伤日军大型货船各1艘,空战中还击落2架日军战斗机。

12月23日,中美空军混合团第3大队从广西桂林基地起飞24架P-40,掩护美国陆军第十四航空队的B-24空袭日军占领的广州天河机场。中美空军混合团编队到达天河机场上空时,遭到日军10架"零"式战斗机的反击。中美空军混合团立即与日机展开激烈空战,同时掩护B-24轰炸机对天河机场实施轰炸。空战中,敌、我战机互相咬尾攻击,中美空军混合团飞机数量上占优势,日军"零"式战斗机逐渐招架不住,只好逃逸。中美空军混合团击落3架"零"式战斗机,自己损失2架P-40战斗机。

中美空军混合团第3大队第28中队的中国飞行人员在P-40战斗机前合影。

中美空军混合团中国飞行员执行作战任务后归来,步行走回宿舍。

中、美两国飞行员通过娱乐活动相互学习对方语言,这样有利于空中协同和指挥。

中美空军混合团第3大队第28中队的中国飞行人员及地勤人员换装P-51战斗机后在新机前合影留念。

陈纳德仔细研究过心理战，认为通过实施心理战可以取得事半功倍的效果。因此，他在作战中十分重视开展心理战。凡遇重大作战行动，陈纳德都针对特定对象印制大量传单，用战斗机、轰炸机空投。例如告日本国民书，告诉日本民众看清日本军国主义的真面目，反对战争，尽快结束战争；告诫日本士兵不要再为法西斯卖命，赶快放下武器投降。为了尽量减少平民的伤亡，陈纳德指示轰炸前向作战地域投撒传达，让平民百姓远离战场，避免人员和财产损失。他还通过传单告诉中国百姓，美国飞行员是中国人的朋友，希望中国百姓及时救助跳伞的美国飞行员，把他们送到安全的地方，交给美军或中国军队。日本宣布投降后，他又用传单告诉中国民众：日本已经无条件投降了，大家可以回家了，积极恢复生产，建设美好家园。这些传单在战争中发挥了不可替代的作用，现在看来这些传单也非常有意思。

美军飞机向日军阵地投撒传单。

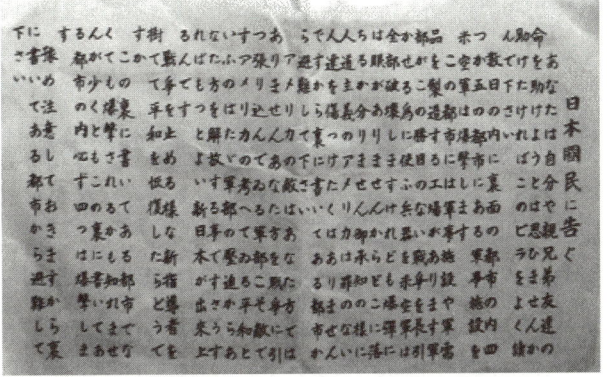

告日本国民书,其中写道:希望日本国民认清日本军国主义的危害,战争不仅给亚洲人民带来痛苦和灾难,也给日本人民带来痛苦和灾难。反对战争,热爱和平,要你们的孩子、丈夫放下武器从前线回来。

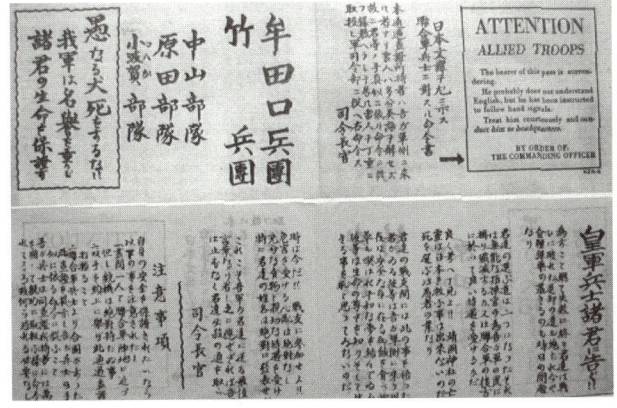

告诫日本士兵爱惜自己生命,不要再为法西斯卖命的传单。

关于救助美国飞行员的传单,主要内容:美国飞行员是来中国帮助打击日本侵略者的,一旦看到美国飞行员跳伞,第一件事就是把飞行员藏起来,尽量远离他降落的地方,然后想办法把飞行员送到有美军或有中国军队的地方。

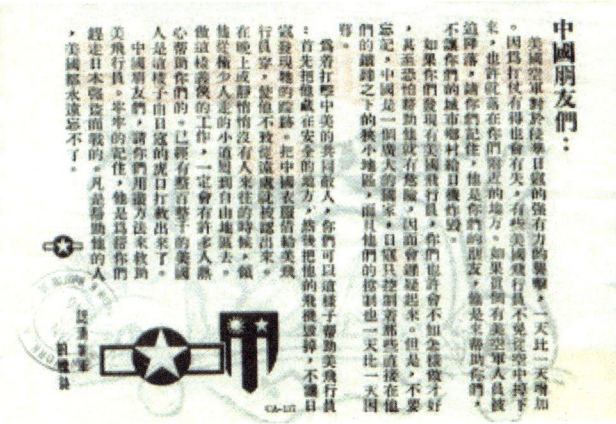

传单的题目非常明白:"种瓜得瓜,种豆得豆",与前面"善有善报,恶有恶报"相呼应。以此告诉中国老百姓,应该积极救助美国飞行员,因为美国飞行员是中国人的朋友。

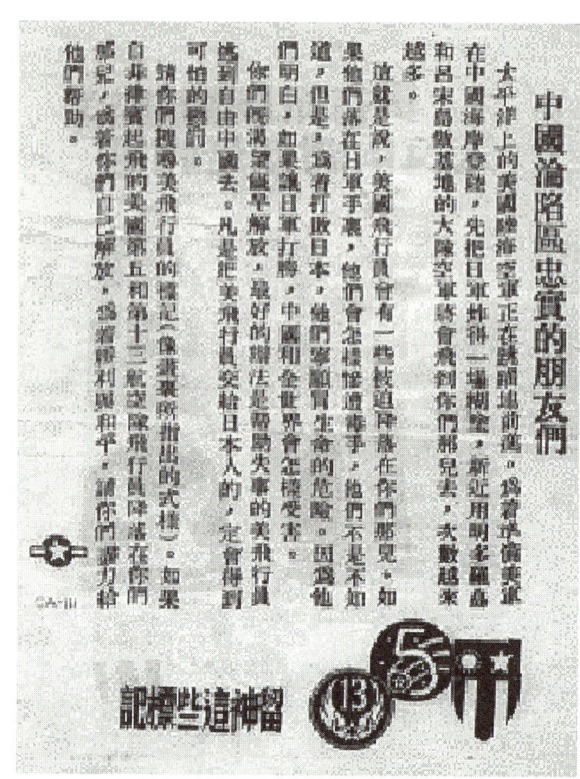

这两张传单告诉中国民众,盟军飞行员是中国人的朋友,请留神这些标记:美国陆军驻亚洲的第十三航空队、第五航空队及中美空军混合团。

美军B-25机组制作的带照片的传单,告诉日军,美国军人不惧怕日军,已经给他们准备好礼物——炸弹。以此威慑日军,让他们处于恐惧之中,不能正常行事。

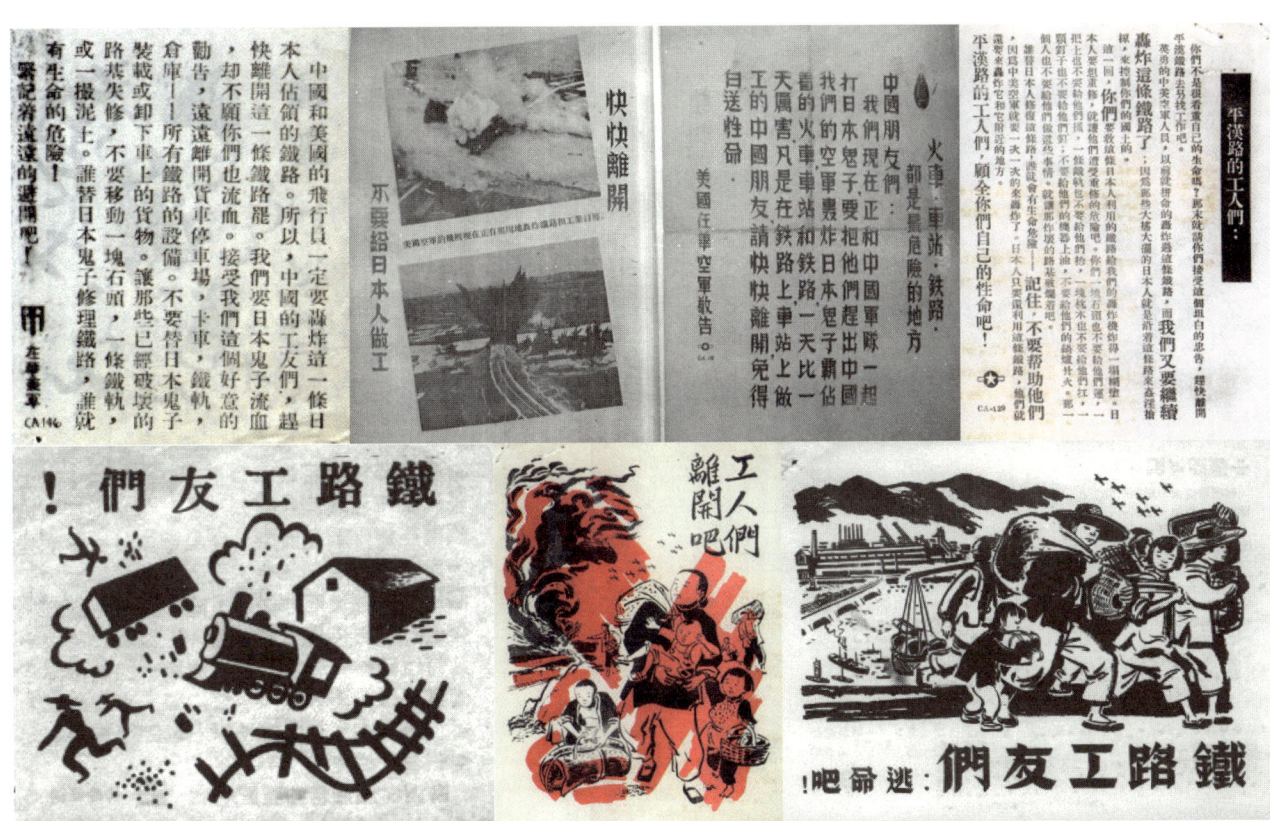

这些传单告诉中国民众尤其是给日本人做工的铁路工人，赶快离开美军要轰炸的地方，其中铁路是必须要离开的地方。

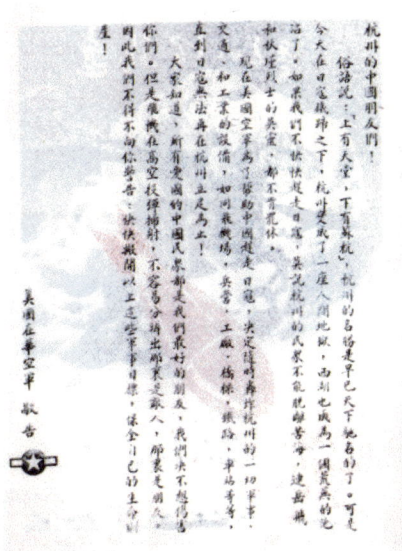

轰炸杭州前告诫当地中国朋友的传单，提醒民众赶快离开机场、兵营、铁路、桥梁、车站等地方。

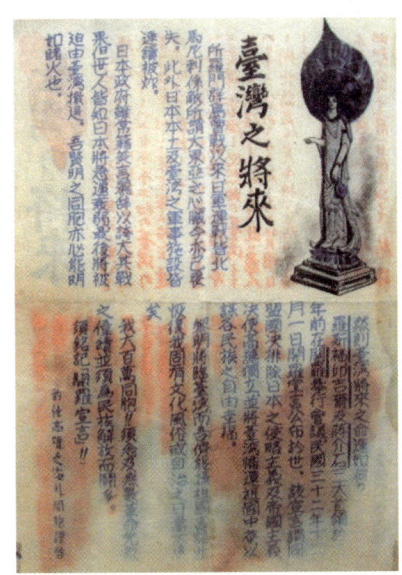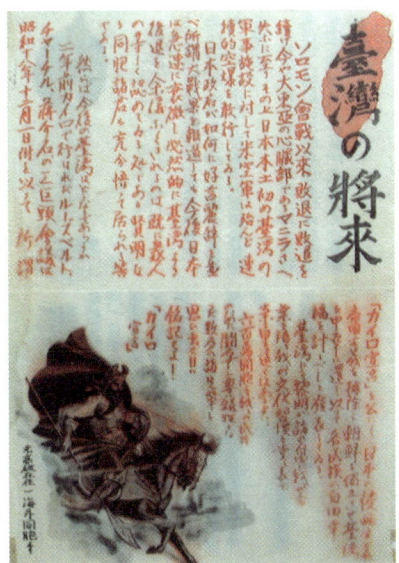

专门针对台湾制作的中、日文传单——《台湾之将来》，告诉台湾同胞，日本必将战败，台湾终将回到祖国怀抱。

这张传单用了中国民族英雄岳飞的名言——"还我河山",预示着将给日本致命的打击。

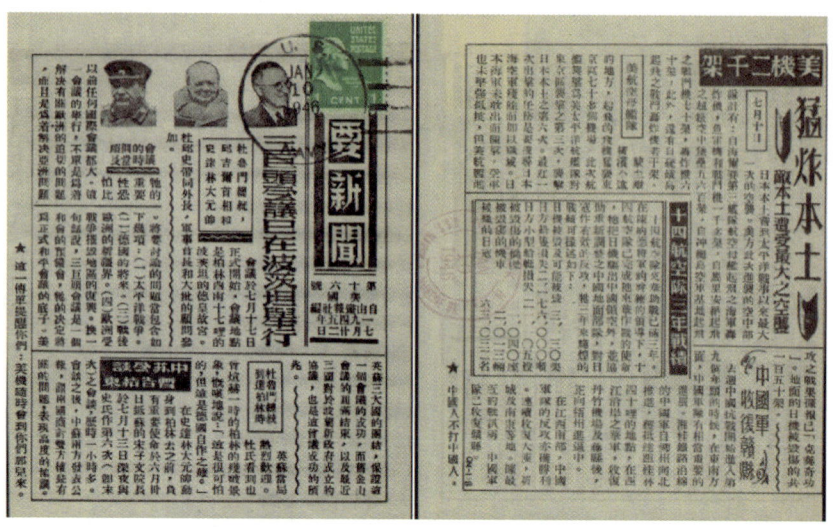
"重要新闻"传单,有美军2000架B-29远程重型战略轰炸机轰炸日本本土、在中国战区作战的美国陆军第十四航空队三年来的战绩、美英苏三国首脑波茨坦会晤等内容。

告日本国民书,警告美国B-29战略轰炸机将要轰炸的几个日本城市。

告日本国民书，警告美军地面部队已经登陆日本几个岛屿，请日本国民赶快觉醒。

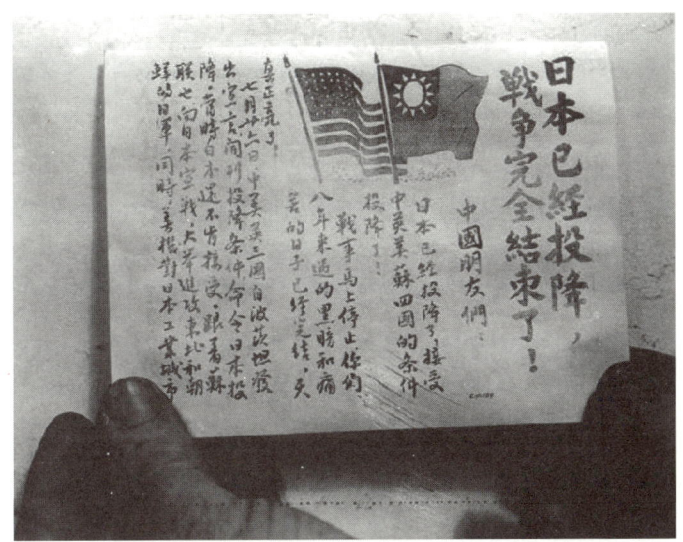

日本宣布投降后，当时通信落后的中国许多地区的民众未能第一时间获悉。这张传单告诉中国民众战争已结束，请大家重返家园，恢复生产，安居乐业。

3

重要作战行动

中美空军混合团美方空勤人员大部分都参加过欧洲战场作战行动，有实战经验。而中方空勤人员大部分经过在印度或美国的培训，有些飞行人员从初教机到高教机训练都在美国航空学校完成。许多飞行学员和航空勤务专业学员在学校毕业后，到美国航空兵作战部队实习锻炼。这些空、地勤人员回国后，不少补充到中美空军混合团。由于这些空、地勤人员英语基本过关，加上接受美式训练，因此，在中美空军混合团与美方人员相处得很好，战斗中能够密切协同、相互配合打击日军，并取得良好的战绩。

一、支援常德地区作战

1943年10月下旬，日军为了牵制东南亚盟军的攻势，抽调10万人的精锐陆军部队和作战飞机253架，向湖北、湖南地区发起进攻，企图夺取华南地区战略要地——常德。根据已经掌握的日军作战计划，为了打击协同日军地面部队作战的日本航空兵部队，争夺常德地区制空权，中、美空军决定以中国空军第2、第4、第11大队，中美空军混合团以及美国陆军第十四航空队，调集P-40战斗机、P-51战斗机和B-25轰炸机等作战飞机200余架支援常德作战。

11月2—24日，中、美空军联合作战，对日军后勤供应基地如军需仓库、油库、运输工具等进行轰炸，同时对敌阵地进行轰炸，对敌步兵、骑兵进行低空射击。但由于中国地面部队在石门、慈利等地的作战行动没有得到预备队的有力支援，造成部分一线阵地相继失守，常德城受到威胁。从11月18日开始，驻守常德城的中国陆军第57师伤亡越来越大，并常常遭受日军空袭，而支援部队又不能及时到达，日军开始逐步向常德合围，形势十分危急。

11月24日，军委会电令，中、美空军继续轰炸常德附近江河、湖泊内敌船，并夺取常德地区制空权。从11月25日常德城战事开始，至12月3日常德城完全沦陷，再到12月9日常德城被收复，中、美空军支援常德作战，主要经历了夺取常德地区制空权作战，空投物资支援常德中国守军作战，常德沦陷后不断轰炸常德城区迫使日军撤离三个阶段。同时，中、美空军还切断日军退路，对交通要道、桥梁、港湾等实施不间断轰炸，大量杀伤日军有生力量。

从1943年11月10日至12月16日，中、美空军协同中国陆军部队参加常德地区与日军作战，先后出动战斗机216批、1467架次，轰炸机66批、280架次；空战中击落敌机25架、可能击落14架，地面击毁日军飞机12架、击伤19架，击沉、击毁、击伤日军运输船只550余艘，击毙、击伤日军700

中美空军混合团的双方机务人员在维护 B-25 轰炸机,保障飞机处于良好状态,随时可以参加作战。

多人,击毙军马 200 多匹,摧毁日军部分军事设施。

二、突袭日军火车站及白螺矶机场

1943 年 10 月,中国军委会根据情报,判定日本在中国大陆拟采取南攻贵阳、北攻老河口与西安的全面总攻击战略。安徽蚌埠机场成为日军向南、北支援地面部队作战的重要基地。同时,蚌埠火车站也成为日军武器弹药、军需物品的转运站,每天都有大量的军用物资南来北往,非常忙碌。中美空军混合团连续出动轰炸机、战斗机突击蚌埠火车站,但被炸毁的铁轨、站台很快又修好通车,恢复一片繁忙景象。

为了彻底摧毁蚌埠火车站,中美空军混合团第 1 大队的美方大队长亲自率领 14 架 B-25A 轰炸机从梁山机场起飞,在老河口上空与第 3 大队 24 架 P-40N 战斗机会合后,组成混合大编队,在中原的天空浩浩荡荡地由确山北面越过平汉铁路,沿着淮河向东直飞蚌埠。

随着带队长机一声令下,轰炸机、战斗机全部进入战斗状态。在下面的 12 架 P-40 已开始向预定目标俯冲攻击,14 架 B-25 也开始变换投弹队形,分为三个组:最高一组 6 架 B-25 在 3000 米高度,这是摧毁蚌埠火车站的主要火力单位;中间一组 4 架 B-25 在 700 米高度,轰炸的目标是车站附近的敌军营房和仓库;下面一组 4 架 B-25 在 500 米高度,轰炸目标是车站的调车场及岔道。按照作战预案,编队采用斜角进入、连续投弹的方法。这种从不同角度、不同高度各自进入投弹的战法,是一项非常危险而大胆的行动,因为轰炸目标多而时间短暂,编队的火力比较分散,而且低空轰炸容易被地面高炮击中。但带队长机非常镇定,他十分信任高空掩护的勇士们的士气和精神,也相信最底层的 P-40 一定能压制日军地面高炮的火力。

下面的 12 架 P-40 已经先两分钟到达蚌埠上空,以超低空突击火车站,轰炸日军的高炮阵地和

中美空军混合团第 3 大队第 7 中队在四川梁山机场的指挥塔台

中美空军混合团第 3 大队在梁山基地的 P-40N 战斗机

中美空军混合团轰炸日军占领的蚌埠机场，机场指挥室、库房被炸，浓烟滚滚。

中美空军混合团中方 B-25 轰炸机机组人员执行作战任务出动前合影。

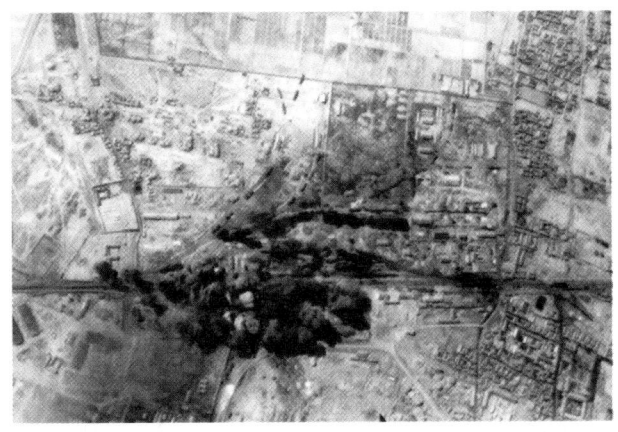

1945 年 4 月 16 日，中美空军混合团轰炸日军占领的河南开封火车站。

高射机枪阵地。等到 B-25 进入轰炸航路时，日军的防空火力早已是有气无力了，B-25 进入目标上空沉稳地投弹，轰炸达到了预期的效果。蚌埠车站几乎完全被摧毁，这是一项全面性的也是技术性的彻底破坏，日军一两个月内都难以修复。这次中美空军混合团的作战行动使日军损失惨重，其南攻贵阳、北攻老河口与西安的计划受到严重影响。

1944 年 7 月 23 日，中美空军混合团出动 21 架 P-40N 战斗机，掩护 6 架 B-25A 轰炸机对岳阳东北的羊楼司（临湘）火车站实施突击，炸毁火车站、军需品仓库。中美空军混合团编队返航时，在洞庭湖上空与日军 40 架"零"式战斗机遭遇，双方进行激烈空战。中美空军混合团击落 10 架"零"式战斗机，创造了 10:0 的空战纪录。

1944 年 6 月 2 日，中美空军混合团出动 12 架 P-40（中方 5 架、美方 7 架）空袭日军控制的郑州火车站。当混合团战机到达郑州车站上空时，日军起飞 10 余架"零"式战斗机拦截。激战 20 分钟后，中美空军混合团带队长机威廉·里德（William Reed）中校考虑到飞机油量，即令退出战斗返航。11 架 P-40 到达陕西安康机场上空时，油量表已经亮起红灯，11 架战机在油量耗尽前安全降落在安康机场。飞行员张乐民驾驶的 P-40 因机械故障在商南迫降，后在陆军的帮助下返回部队。这次空战共击落日军 4 架"零"式战斗机，炸毁郑州机场日军 1 架轰炸机；炸毁日军火车 4 列、火车头 1 个、卡车 8 辆。

1944 年 4 月 22 日至 8 月 22 日，中美空军混合团配合中国空军及美国陆军第十四航空队，对日军占领的山西运城、临汾，河南安阳、郑州、开封，湖北汉口等地的日军机场、仓库及黄河大桥等目标进行了攻击。空战中，击落日军飞机 80 多架，炸毁日军地面飞机 79 架、各种车辆 70 余辆。

白螺矶机场位于湖北监利县的长江岸边，是一座对日军十分重要的机场。1944 年 7 月，中美空军混合团第 5 大队三次袭击白螺矶机场，取得意想不到的战果，共击毁日军地面飞机160多架，对机场设施造成严重破坏。

1944年7月9日，中美空军混合团司令部得到确切情报，日军百余架战机转场到了白螺矶机场。混合团司令部把突击任务交给第5大队。大队长向冠生少校和各队长及参谋人员商量，要以少胜多，出其不意地歼灭敌机。他们首先派出20架带炸弹的P-40战斗机飞向岳阳新市镇。日军以为他们是攻击新市，而白螺矶机场的敌军自以为集结了百余架战机，中、美空军不敢轻易来袭。20架P-40N战斗机到了新市上空后向西北转弯，不过几分钟就看见了白螺矶机场。白螺矶机场有五座机库，每座机库的四周都筑有墙，从高空望去像三个长方形的盒子，飞近了就能辨别出"三个盒子"里摆满了飞机。20架P-40战斗机分三批分别向三座机库飞去，炸弹大部分都投在了机库的中央。有6架敌机起飞，但刚拉起来就被打了下去。这次袭击，击毁地面110架日军飞机，不仅是湖南战役中最大的收获，也是抗战以来歼敌最多的一次。

7月11日，中美空军混合团第5大队20架P-40战斗机采取无线电静默、低空隐蔽出航，顺着湖区僻静的河道，采用双机编队绕到白螺矶机场上空。10个双机编依次进入，对白螺矶机场发起第二次突然袭击，击毁地面敌机20多架。

经过两次袭击，中美空军混合团第5大队的飞行员对白螺矶机场的位置、跑道方位、标高、净空区障碍物高度、停机坪位置、机场设施以及防空高炮阵地等都比较熟悉，经过分析判断，找出了敌人防御力量的薄弱环节。7月28日，中美空军混合团第5大队第三次袭击白螺矶机场，采取低空隐蔽出航直接飞向机场发起突袭，使日军来不及作出反应就有30多架飞机被击毁在地面，然后快速离开安全返回基地。

三、轰炸黄河铁桥

1944年4月初，日军为打通中国大陆交通线，发起豫湘桂战役，用半年的时间打通了平汉、粤汉铁路线，完成了建立纵贯中国大陆到印度支那交通线的战略任务。整个战役中，中国军队丢失了包括146个城市在内的20万平方千米国土，丧失了衡阳、零陵、宝庆（邵阳）、桂林、柳州、丹竹、南宁七个空军基地和其他36个机场。中国空军和援华美军航空部队转移到偏远地区的小机场，保存实力等待时机实施反攻。

日军控制平汉线后，对援华美军在四川、云南、广西、湖南、江西、陕西等地的航空基地构成巨大威胁。为此，中国航空委员会主任周至柔与陈纳德将军举行会谈，双方同意共同打击日军在平汉线的军事目标，保证援华美军航空基地的安全。中美空军混合团袭击平汉线日军，首先要轰炸的就是黄河铁桥，以瘫痪日军南北运输大动脉。

郑州黄河铁路大桥始建于1903年，是中国第一座横跨黄河南北的钢体结构铁路大桥。黄河铁桥附近驻有日军防空部队，有60多门大口径高炮，还有几十挺高射机枪。中美空军混合团先后多次昼间轰炸都没有成功，被防空高炮击落的飞机达10余架。这次，为保证炸桥成功，指挥部决定改为夜间轰炸。

1944年8月3日，按照指挥部制定的作战计划，中美空军混合团第1大队第2中队3架B-25轰炸机从四川梁山基地起飞后，先飞到西安前进机场加油挂弹，然后往东飞，这样可以避免被日军发现而达到奇袭的效果。考虑到日军在黄河铁桥周围的防空炮火十分猛烈，3架轰炸机分3批单机出发，每隔15分钟起飞一架。20时，第一架由张建功驾驶的B-25轰炸机准时从西安机场起飞；20时15分，由美军人员驾驶的第二架B-25轰炸机起飞；8时30分，由杨训伟驾驶的第三架B-25607号B-25轰炸机起飞。

杨训伟起飞后很快飞到洛阳上空，他发现黄河铁桥方向漆黑的天空中闪耀着明亮的火光，显然前面两架轰炸机已经惊动了黄河铁桥的日军防空部队。他决定佯装迷航，从洛阳飞过黄河，斜向东北

驻湖南芷江基地中美空军混合团第 1 大队的中方 B-25A 轰炸机

中美空军混合团美方 B-25A 轰炸机飞向预定的轰炸目标。

1945年3月10日,中美空军混合团轰炸日军占领的黄河大铁桥。

中美空军混合团 B-25 轰炸机轰炸日军占领的黄河大铁桥时,遭日军地面防空炮火射击,1 号机座舱盖被打坏。

为纪念父辈当年的壮举,杨训伟的长子杨本华遵从父意,在郑州黄河岸边树立了这块纪念抗日战争胜利 60 周年纪念碑,把轰炸黄河铁桥的作战经过刻在石碑上,以昭告后人。

1944年10月,中美空军混合团第1大队进驻陕西汉中,打击黄河两岸的日军补给运输队。这是美方B-25轰炸机机组人员头戴哥萨克遮绒帽合影。

方向飞到新乡上空,然后向南作绕点飞行。同时,他果断改变原定方案,决定以低空沿铁轨方向飞行前进,一到黄河铁桥桥身上空就投弹,尽量减少在铁桥日军防空区域的时间,然后突然转弯脱离日军高炮火力范围。杨训伟以低空50米高度大速度飞向黄河铁桥,一到桥头他就通知轰炸员黄建中投弹。当他飞过桥面大约30米远时,迅速转弯脱离铁桥。

他听到后面急促的枪炮声,此时轰炸员黄建中告诉他,"炸弹没投下。"杨训伟有点急了,大声喊道:"你准备好,再来一次!"他操纵轰炸机迅速转弯,第二次顺着铁轨在50米低空向黄河铁桥飞过去。这一次,黄建中把3枚1000磅炸弹全部投了下去。在剧烈的爆炸声和日军枪炮声中,杨训伟推低机头大坡度向桥下的黄河水面贴近。日军高射炮来不及旋转炮口，只能眼睁睁地看着这架 B-25 轰炸机消失在夜空中。

返航途中，杨训伟问黄建中第一次炸弹为何没投下去，黄建中说，"投弹间隔器被我放到零度上了。"显然，当时黄建中太紧张了。杨训伟驾驶的 B-25 轰炸机在基地降落后，开着一辆吉普来迎接的中美空军混合团美方副司令裴纳特（Palnt）准将握着杨训伟的手说："想不到回来的是你！"裴纳特原以为首先返航的应该是美国人驾驶的飞机。第二天清晨，各大报纸头条都以"黄河铁桥被炸毁建立奇功"进行报道。后经证实，黄河铁桥因局部被炸毁不能使用，致使平汉线日军铁路运输中断了两个月。

另外两架 B-25 轰炸机没能够回来。第一架飞到黄河铁桥上空后，还没投弹就被日军高射炮击中，飞机飞行一段距离后，坠毁在距铁桥约 100 千米的宜阳县境内，机组人员全部遇难。另一架由美国人驾驶的轰炸机，因迷失方向未能到达黄河铁桥，后来油料耗尽在陕南弃机跳伞，飞行员获救返回基地。

抗日战争期间，杨训伟共执行了 42 次轰炸作战任务。炸毁黄河铁桥后，国民政府军事委员会给他颁发了"陆海空军武功奖状"。2002 年 5 月 20 日，83 岁高龄的杨训伟把当年国民政府颁发给他的"陆海空军武功奖状"捐赠给了中国人民革命军事博物馆。

四、空袭侵华日军大本营——武汉

武汉是华中重镇，是东西南北的交通枢纽，战略地位十分重要。抗战中后期，武汉是侵华日军重大军事行动的指挥中心，也是日军军用物资的集散地。汉口码头仓库储存了大量武器弹药及军需物品，华中地区日军军用物资全部由汉口仓库供给，通过陆路和水路运送到日军各个据点。武汉驻有大量日军，在汉口的王家墩和武昌的徐家棚、南湖等机场，驻有日本陆军航空部队，配备有 200 余架战斗机、50 余架轰炸机，还驻有防空部队，配备了大量高射炮和高射机枪，形成严密的空中火网。日军由轰炸机和战斗机组成的混合编队，经常从汉口基地起飞袭击美国陆军第十四航空队及中美空军混合团在重庆白市驿、四川梁山、湖南芷江、陕西西安、江西遂川等地的基地。因此，陈纳德一直积极准备空袭日军在汉口的航空基地，摧毁日军在武汉的后勤供应基地。

1944 年 5 月，日军在豫湘桂战役中向湖南长沙推进，第十四航空队配合中国陆军空袭日军后勤供应线，但是没能阻止日军前进。陈纳德多次向美国参谋长联席会议请求派遣 B-29 远程重型轰炸机轰炸日军汉口基地，但屡遭拒绝。12 月，在美国陆军第二十航空队 B-29 远程重型轰炸机准备从印度转移到太平洋上的马里亚纳群岛前，美国参谋长联席会议终于批准了陈纳德关于使用 B-29 远程重型轰炸机轰炸日军汉口基地的作战计划。批准使用 100 架 B-29 远程重型轰炸机，由陈纳德和第二十航空队司令官李梅（Le May）少将共同制定具体的轰炸实施计划。计划对汉口实施密集轰炸，摧毁汉口军需品仓库、周边机场及飞机。陈纳德提出用 P-47 和 P-51 战斗机为 B-29 轰炸机护航，而李梅则认为 B-29 自卫能力很强，无须战斗机护航。这次空袭汉口，由第十四航空队、第二十航空队及中美空军混合团三个单位联合协同作战。第二十航空队 100 架 B-29 由印度经"驼峰航线"转场到四川成都附近的双流和彭山前进机场，由于途中有 23 架 B-29 发生故障而返回印度，实际到达的只有 77 架。

12 月 18 日 7 时 40 分，77 架 B-29 八成携带燃烧弹、二成携带爆破弹，分别从双流机场和彭山机场起飞；77 架 B-29 分为 7 批，每批间隔 10 分钟起飞。第一波次集中 35 架 B-29，全部携带燃烧弹（B-29 载弹量为 9 吨，35 架共载弹 315 吨），以高度 8000 米进入轰炸航路，在高度 6000 米实施高空投弹。35 架 B-29 按照各自预先选定的目标，315 吨燃烧弹几乎同时投下，同一时间爆炸，汉口地面顿时火光冲天，浓烟滚滚。其余 42 架 B-29 按计划各自选定武昌、汉阳的目标投下了炸弹。武汉三镇各机场日军起飞战斗机企图拦截 B-29，但由于 B-29 采用 "高、高、高"（即高空出航、高空投弹、高空返航）航行剖面，日军战斗机边爬升边寻找目标，追了约一小时无果，最后因担心油料不够只得返航。这时，赶到武汉三镇日军机场上空的第十四航空队 P-47 和 P-51 战斗机，以逸待劳与返航的日军战斗机进行空战。日军战斗机被打了个措手不及，要么被击落，要么逃逸。

中美空军混合团第 3 大队从四川梁山机场出动 32 架 P-40N 战斗机，突袭日军孝感机场，将多架日军战斗机击毁在机场地面，并封锁了孝感机场。随后，32 架 P-40N 战斗机分批在汉口周围上空警戒、巡逻，打击从武汉三镇逃窜出来的日军飞机。这次空战共击落日军 26 架飞机。

第十四航空队第 68 飞行联队第 23 战斗机大队第 75 中队从湖南芷江机场出动 16 架 P-51A 战斗机，为第 308 轰炸机大队的 6 架 B-24D 重型轰炸机全程护航，轰炸武汉三镇日军机场。B-24A 载弹量 4 吨，6 架 B-24D 共载弹 24 吨。B-24 在轰炸日军机场的过程中没有遇到抵抗，日军机场被严重破坏；日军战斗机在远处飞行，不敢与美军 P-51A 战斗机交手。美军轰炸机、战斗机轰炸结束后安全返回芷江基地。

第十四航空队第 68 飞行联队第 23 战斗机大队第 76 中队从江西遂川机场出动 16 架 P-51A 战斗机，为从四川梁山机场出动的中美空军混合团第 1 大队 6 架 B-25A/H 轰炸机全程护航，轰炸汉口日军机场。同时，第 118 战术侦察机中队从遂川机场出动 2 架 P-51 侦察机，对轰炸目标进行航空照相以评估轰炸效果。B-25A/H 在轰炸日军机场的过程中，几乎没有遭遇抵抗，日军机场停放的飞机被炸，油库、弹药库被毁；返航时，P-51A 护送 B-25A/H 至安全空域后，再返回汉口上空对机场重要目标进行攻击，击毁地面 6 架飞机。这时，天空出现 4 架日军 "零" 式战斗机，16 架 P-51A 一齐扑上去，经过短暂空战，击落 2 架 "零" 式战斗机，

中美空军混合团执行轰炸任务前，美方指挥官与飞行员研究轰炸航路、投弹高度，熟悉轰炸目标的位置、形状及特征。

美国陆军第二十航空队 B-29 远程重型轰炸机在成都双流前进机场装载炸弹，准备轰炸日军占领的武汉三镇。

第二十航空队 B-29 远程重型轰炸机飞向武汉。

中美空军混合团的B-25A/H轰炸机和P-51战斗机编队飞向汉口轰炸目标。

其余2架落荒而逃。

第十四航空队第68飞行联队第23战斗机大队第74中队从江西赣州机场出动18架P-51A战斗机,在遂川机场加油后为从四川梁山机场出动的中美空军混合团第1大队6架B-25A/H轰炸机全程护航,轰炸日军武昌机场。编队在武昌机场上空未发现地面有飞机,B-25A/H只能对机场设施进行轰炸。担任护航的18架P-51A战斗机在空中与20多架日军"零"式战斗机遭遇,双方展开激烈的空战。5架"零"式战斗机被击落,其余逃逸。6架B-25A/H轰炸机投弹后返回基地。18架P-51A战斗机沿长江而下,在江西九江二道口机场发现地面停放不少日军飞机。经过轮番攻击,击毁地面12架日军飞机,击伤多架。

B-29远程重型轰炸机投掷的燃烧弹使日军汉口基地燃烧了三天三夜,日军准备用于1945年春季攻势的大量军用物资全部被烧毁。B-29使用燃烧弹对木制建筑物造成巨大破坏,为后来李梅将军使用燃烧弹轰炸东京提供了宝贵的经验。

1945年1月5日,中美空军混合团美方司令温斯洛·摩尔斯准将到汉中、恩施、老河口等基地视察。这几天忽然不见日军"零"式战斗机的踪影,P-38侦察机经过侦察,终于发现"零"式战斗机集中在汉口王家墩机场;同时发现武汉江面上新到了几艘大型补给船,温斯洛·摩尔斯准将命令混合团P-40和P-51出动袭击武汉。中美空军混合团分别从陕西汉中、湖北恩施基地调来24架P-40和5架P-51到老河口前进机场待命。机务人员给12架P-40战斗机左右翼各挂一枚500磅炸弹,机腹下挂一油箱,另外12架P-40战斗机挂伞弹和火箭弹;5架P-51战斗机去掉下油箱,在左右翼下及机腹共挂了三枚500磅炸弹。

P-38侦察机再次侦察回来,报告敌情无变化。P-40和P-51飞行员出任务前听带队长机提示:攻击目标武汉,4机一组共七组,带队长机在编队的右上方,12时30分起飞,13时20分编队由孝感进入武汉,这时的阳光对混合团有利;如先遇敌机即投下炸弹进行空战,如未遇敌机,即分别轰炸长江里的补给船、王家墩机场跑道,挂伞弹的飞机负责炸机场上停放的飞机和机场设备……

29架P-40和P-51分为三波次,分别在5000米、4000米、3000米三个高度层飞行,空中未发现敌机。编队过孝感快到武汉上空时,武昌地面日军高炮向空中射击,汉口拉响了空袭警报,街道上已经不见人影。第一组4架P-40以150米低空俯冲向王家墩机场投下八枚500磅炸弹,全部命中跑道,使敌机无法起降;第二组4架P-40把炸弹投在滑行道上,使机场暂时不能使用;第三组4架P-40先用机枪扫射停放在停机坪的飞机,然

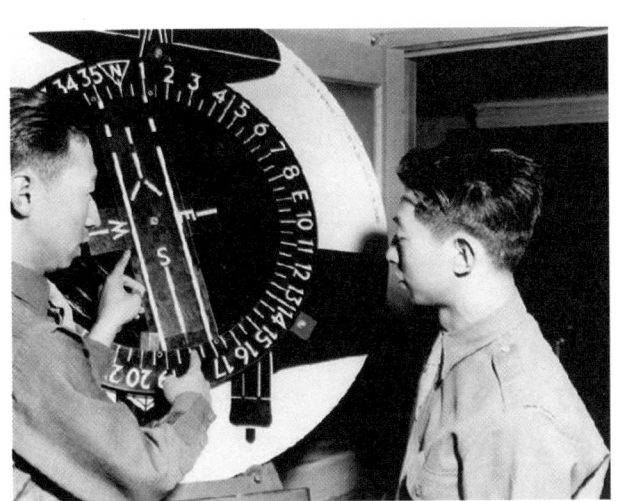

中美空军混合团轰炸机领航员执行任务前利用磁罗盘进行领航训练。

第十四航空队 B-25H 向汉口投弹。由于投弹的轰炸机多，可以看见地面许多白色冒烟的弹着点。

中美空军混合团轰炸机使用的 500 磅炸弹

中美空军混合团第1大队B-25A轰炸机编队在飞往轰炸目标——汉口的途中。

后再用伞弹轰炸这些飞机，朵朵像彩莲似的伞弹，碰上敌机就爆炸，向外迸射横飞的弹片，损坏了场内的一些建筑物。第三组的中国飞行员李志刚、陈汉助、钟桂石、张世振发现，挨了炸弹的飞机既不爆炸也不起火，难道这些飞机把汽油放光了？！原来炸的这些都是伪装的假飞机。第三组的叶望飞和王光复发现停放在疏散区的"零"式战斗机和99式轰炸机，一阵机枪扫射，飞机立刻起火燃烧。王光复笑着说："咱差点上了洋当！" 5架P-51则赶到长江边去轰炸补给船，很快传来一阵阵爆炸声，整个汉口市许多建筑物在燃烧，浓黑烟雾四处弥漫。

第五组张济民、郭汝霖、邢文章、黄义正和第六组谭鲲、宁世荣及两名美军飞行员驾机袭击武昌机场。得手后，宁世荣带领两架美军飞机爬高。宁世荣呼叫谭鲲："我不相信小日本会突然变成了脓包，他们绝对不会把飞机全部停在机场挨炸，一定另有飞机逃警报，也许因为我们飞得太高，他们高度不够还未转回来，你们投弹后立刻上来。"谭鲲答道："知道了，这里面有几架新式飞机，我们清理之后立刻上来。"第七组美军P-51在长江里攻击日军运输船，有几处地方着起熊熊大火。美军飞行员也上来了，很快就爬升到2600米。当谭鲲等4架P-40爬升到2600米时，P-51已经爬升到6000米，可见P-51的机动性能之好。这时，地面日军高炮猛烈地向空中射击。张济民用英语提醒美军飞行员说："P-51请注意，汉阳方面有敌机！"P-51飞行员回答，"我们看见了，谢谢你！"张济民再往下边看，暗叫不好，果然有埋伏！原来日军利用高炮作掩护，现在突然停止射击，在汉阳与武昌之间窜出大批日军"东条"机，偷袭正在爬升的叶望飞等4架P-40。结果宁世荣在击毁一架地面上的敌机后，飞机拉起过晚，被俯冲而下的日机偷袭，当场重伤进入螺旋而坠地。空战的时间并不长，那些"东条"机来势汹汹也逃得狼狈。武汉上空又清净了，地面的高射炮也安静了。

这次突击武汉是最近一两年来规模最大的一次，空战的敌我飞机不少于七八十架，可惜"东条"机非常脆弱，日军飞行员也不顶事，有些中、美飞行员还未来得及开枪开炮，"东条"机便虚晃一枪逃之夭夭了。在高空作战的一架美军飞行员驾驶的P-51，在空战中寡不敌众受了重伤，他勉强维持下滑飞行。日军"东条"机逃散后，大家掩护他飘飞，他几次试图把飞机拉起来，但都没有成功。他在空中急迫地呼叫："你们走吧，我的飞机不行了，满舱是烟，油箱起火了，随时可能爆炸！"美军大队长阿兰·贝内特告诉他，"我是大队长，命令你立刻跳伞，我们在空中掩护你！"他只好忍痛舍弃了他的战机，一个黑点儿跳出了座舱然后张开伞。很多飞机在空中盘旋掩护，看着他落到距汉口20多千米外的村庄附近被中国农民救走后，大家才返航回到基地。

这次突击武汉作战行动，击毁地面日军9架飞机、击伤6架，空中击落敌机5架、击伤4架，破坏了日军机场部分设施。中、美空军损失2架P-40、1架P-51，牺牲2名飞行员。经过这次作战，日军从武汉地区出动战机袭击中、美空军基地的情况少多了。

五、袭击日军岳阳和新市兵站基地

1944年5月至8月底，中美空军混合团第5

大队出动1500架次战斗机和轰炸机，主要攻击日军的后勤补给线。由于日军在湖南战区的运输只能依赖湘江的水运和由岳阳经新市、长沙、衡山到衡阳的公路，岳阳和新市便成为日军集结军用物资的兵站基地，也就成为中美空军混合团攻击的目标。

7月19日，中美空军混合团第5大队出动12架P-40战斗机，编为三个编队袭击岳阳和新市。编队到达目标上空后，鲁斯（Ruse）上校率领第一编队进行低空投弹，何汉鸿副队长和冯佩瑾分队长即在上空分别带领第二、三编队担任空中掩护。第5大队正在投弹时，16架日军战斗机前来拦截，前面8架高度约1300米，后面8架高度约2000米。何汉鸿副队长在3300米高空带领着第二编队盘旋，他首先发现敌情，就向鲁斯上校报告，并且命令本队僚机把炸弹先投下去准备空战。鲁斯上校带领第一编队赶忙爬高。当与敌机遭遇时，第一编队由上而下俯冲下来，何汉鸿副队长带领第二编队从右上方冲下来，冯佩瑾分队长领着第三编队由左上方冲下来，迅速形成三面围击的态势，敌机见状立刻惊惶失措。乘敌机慌乱之机，何汉鸿副队长首先击落一架敌机。乔无遏分队长看准了一架正在盘旋的敌机，紧紧追过去，把射击角度由60度修正到0度，这是最好的射击时机。他扣动扳机，击中敌机的机翼和座舱，敌机当即着火下坠。冯佩瑾在下面趁一架敌机转弯露着机腹的时候，迅速接近，把敌机打得凌空爆炸。他正要再追另一架敌机时，却遭遇侧方敌机袭击，子弹击中机翼，他担心发生意外，只得先行返航。周天民中尉是何汉鸿副队长的僚机，他随着何副队长冲下去，因为击敌心切，差点和一架敌机相撞。他定了定神，就紧跟着一架企图逃脱的敌机追过去。在相距650米时敌机已经进入瞄准器，敌机的投影在20度位置，他知道这时与敌机相距不过200多米了，连忙开炮，敌机做了一个翻滚就开始尾旋坠落。冷培树中尉是乔无遏分队长的僚机，他在第一个回合就击落一架敌机。他发现一架敌机好像有意在等待时机攻击他，就故意若无其事地转向湘江飞去，佯装去攻击江中的敌军船舶；敌机洋洋得意地向他追过来，就在不断接近的时候，

中美空军混合团第5大队第17中队的中、美飞行人员在P-40战斗机前合影留念。

中美空军混合团的机务人员在检修 P-36C 战斗机。P-36C 战斗机性能优于日本"零"式战斗机，对日军飞行员构成很大的威胁。

中美空军混合团的机务人员在修理战损的飞机。

冷培树却突然掉头飞走了。敌机追不着，就掉转机头离开，冷培树立刻掉头就是一阵机枪扫射，把敌机击落。在这次战斗中，他击落两架敌机，因而获得上级的奖赏。这次战斗由于中、美空军飞行人员积极配合而获得全胜，取得击落 6 架敌机的战果。以后，中、美空军轰炸新市、长沙、湘潭等地，日军战斗机很少敢来阻击。

7 月 25 日，第十四航空队与中美空军混合团以 24 架 B-25 轰炸机呈品字队形突击岳阳日军兵站，张唐天大队长带领着中美空军混合团第 5 大队三个编队 16 架 P-40 战斗机在上空担任掩护。编队飞越洞庭湖后，即由南向北进入岳阳上空。当轰炸机队正要进入轰炸航路时，在上层担任掩护的许陶熏分队长发现在 6000 米高空有 10 架"零"式敌机正在盘旋寻找目标，即带领本队向敌机发起攻击。中方编队与敌机接近后，中队作战参谋蓝赛少校击中了一架敌机，但敌机仍能勉强操纵，看样子准备逃脱。许陶熏分队长赶忙追过去补射几枪，将敌机击落。他转身爬高，看见距离 1600 米远有 4

架敌机飞过来。他单机闯入敌阵,迂回到敌机后面,击中最后面一架敌机。左侧两架敌机赶来援救,许陶熏赶忙脱离向低空飞行。敌机紧追过来,他急忙爬升加速追上了编队。这时,又有敌机来援,3架敌机围攻许陶熏。许陶熏的机头被击中,但机身并未受到损伤,他巧妙地侧飞拉升摆脱敌机。张唐天大队长带领着何汉鸿中队在编队左侧掩护,当轰炸机队投弹时,有3架"零"式战斗机从侧方过来偷袭。高祥松分队长和沈昌德中尉在外侧位置,他们和敌机打了个对头,毫不费力就击落两架敌机。轰炸机队投完弹后,作90度转弯向西飞行,轰炸机、战斗机集合后,编队仍然像来时一样严整。这次袭击岳阳和新市日军兵站,炸毁日军大量军用物资;空战中击落5架敌机、击伤2架。

中美空军混合团支援中国陆军屡挫日军攻势,并逐步夺回各战区的制空权。1944年8月,中美空军混合团司令摩尔斯返回美国,由爱伦·班内特继任。1945年2、3月间,中美空军混合团各P-47中队全部换装性能优异的P-51。第5战斗机大队与第4轰炸机中队在4月10日至5月15日的清江地区战役中战绩卓著,获得"杰出部队"嘉奖。

根据官方记录,中美空军混合团的空中战果为击落敌机144.5架,其中第3大队与第5大队各摧毁97.5架和47架;中、美飞行员各击落敌机68.5架和76架。共涌现出7名王牌飞行员:中方谭鲲击落8架,王光复击落6.5架,臧锡兰击落5架;美方菲利普·科尔曼(Phillip Coleman)击落9架,威廉·L·特纳(William L. Turner)击落8架,

中美空军混合团的B-25编队在P-40战斗机掩护下,准备轰炸日军阵地和据点。

中美空军混合团第5大队第17中队的中、美飞行人员在P-40战斗机前合影留念。

中美空军混合团轰炸日军据点——宝庆城（今湖南邵阳）。

谭鲲,1918年生,云南省文山县人,1936年考入中央航空学校第8期战斗科。1939年毕业后留校担任昆明空中警戒任务。1940年起,先后在中国空军第4大队、第3大队任飞行员。1944年调入中美空军混合团。抗日战争期间,谭鲲共战斗出动76次,击落9架敌机,官方认定为8架。

王光复,1916年生,天津人。他在兄妹11人中排行第五,七妹是中国原国家主席刘少奇的夫人王光美。王光复1935年考取空军飞行员,1938年2月从杭州笕桥中央航空学校毕业。1943年7月,被中国空军选派到印度卡拉奇训练中心接受美式飞行训练。同年底训练结束回国后,被分配到中美空军混合团第3大队第7中队任飞行员,驾驶P-40战斗机。

遭日军突然空袭,在地面被炸伤的王光复座机——13号"太公令"P-40N战斗机。美军飞行员常在自己的座机身上写上喜欢的名字,中美空军混合团第3大队第7中队首任中队长徐华江受此启发,引用中国《封神榜》里的典故,在自己的P-40N座机机头写上"太公令",有"想找死,就来吧!"的寓意。王光复是第7中队第三任中队长,他接着使用徐华江的"太公令"P-40N座机,编号13/663。

中美空军混合团第3大队第7中队中队长、王牌飞行员王光复宣传画页。1944年10月，王光复在作战中受伤，《中央日报》在报道中将他誉为"一滴汽油、一滴血"的抗日英雄。王光复在中美空军混合团两年多的浴血奋战中，完成战斗出动75次，飞遍中国大江南北，先后击落日军飞机6.5架，战功卓著。

2005年9月2日晚，王光复（左）在北京人民大会堂举行的海内外爱国人士、抗日将领及遗属纪念中国人民抗日战争胜利60周年招待会上，与来自台湾的退役空军将领唐积敏亲切交谈。

2007年农历大年初二，中国驻休斯敦总领馆华锦洲总领事专程到达拉斯，向抗战英雄九旬老人王光复（左）及其夫人张锡谨女士拜年并赠送礼品。

中美空军混合团成立一周年纪念卡

雷蒙德·卡拉威（Raymond Callaway）击落7架，帕克斯顿·休厄德（Paxton Heward）击落6.5架。7名王牌飞行员共击落日军飞机44架，平均每人击落敌机7.1架。

1945年8月15日，日本天皇宣布无条件投降。9月18日，中美空军混合团正式撤销。原中美空军混合团大部分美军人员返回美国，少数美军人员编入美国驻华空军顾问团；中方人员则改编为空军第1联队。中美航空人员并肩战斗，共同作战，建立了真挚的友谊。第3大队战史官肯尼凯（Kenneik）少校这样写道："一个伟大的国家不应该充斥着专制、贪污、阴谋、腐化、阶级、野蛮等人性的黑暗面。可是无数坚忍不拔、勤奋不懈的中国人民，却令人由衷地敬佩。中国飞行员为着崇高的理想，毫不犹豫地赴汤蹈火、视死如归，与受林肯及杰斐逊传统思想熏陶的美国男儿并无不同。我认为我们对于中国人内心深处的了解，远甚于某些外交家、经济学家、传教士和偏执狂的记者们。并且，我们曾经无条件地为中国而奉献。"

组建中美空军混合团，对于培养、训练中国空军的指挥员、飞行员及地面勤务人员是一次有益的试验。空中作战的结果证明，试验是成功的。

05

陈纳德和"飞虎队"

远去的"飞虎"
永恒的丰碑

陈纳德领导、指挥的中国空军美国志愿航空队，除教给队员空战战术外，还培养了英勇顽强的战斗作风，以及战胜日本法西斯的坚定信念。在日本侵略军完全掌握中国天空制空权的情况下，陈纳德领导、指挥的一支小小的、不起眼的空中力量，不断取得空战胜利，名声大振，大大增强了中国人民战胜日本法西斯的信心。这支被中国民众亲切地称为"飞虎队"的空中力量，在战斗中逐渐锻造出一种不怕困难、不畏强敌，充分发挥飞行技术，巧妙灵活使用战术，所向披靡、战无不胜的精神——"飞虎精神"。以后的美国陆军第十航空队第23战斗机大队（美国驻华空军特遣队）和美国陆军第十四航空队，都继承和发扬了"飞虎精神"。陈纳德将军领导、指挥的空中力量与中国军民一起，最终打败了日本法西斯。

在中国人民抗日战争暨世界反法西斯战争胜利70周年之际，我们缅怀这段历史，就是为了向在反法西斯战争中作出卓越贡献的美国老兵和他们的亲属致敬，也是为了让青年一代了解这段历史，记住这段历史，以增进中美两国人民之间的友谊。

1
带着遗憾的离别

1942年5月，滇缅公路这一重要国际交通线被日军切断，使美国志愿航空队的油料和后勤供应非常紧张。根据"租借法案"，作战物资完全靠"驼峰航线"，从印度空运到中国昆明，但这些物资由史迪威调配。陈纳德常常因得不到计划内的油料、弹药、航材及生活物资，与史迪威发生摩擦。有时陈纳德因缺乏油料及物资，部队几乎处于停飞状态，他不得不直接向罗斯福总统报告美国志愿航空队的情况。1942年12月，由于油料和作战物资缺乏，美国陆军第十航空队第23战斗机大队（美国驻华空军特遣队）被迫停飞。直到第二年春天，第23战斗机大队才恢复正常作战行动。

1944年4月起，日本发动了打通大陆交通线的作战行动，以使从中国东北直抵新加坡的日军连成一片。陈纳德获悉这一情报后，立即报告在缅甸的史迪威，但史迪威热衷于反攻缅甸的计划，对东线日军的动向未给予重视。4月开始，日军调集15万兵力进攻河南，陈纳德要求史迪威增加物资供应量，以便打击进攻河南的日军。然而史迪威却要陈纳德抽调战斗机去保卫在成都附近新建的B-29轰炸机基地。史迪威准备用这种能载弹9090千克、航程达6600千米的B-29超远程重型轰炸机，从成都起飞直接去轰炸日本本土。5月，日军集中20万兵力进攻湖南，陈纳德奉命用200架飞机保卫成都的B-29轰炸机基地，另有150架飞机被史迪威调去支援反攻缅甸作战，仅剩下90架飞机用于东线作战。在河南战役中，美国第十四航空队仅仅战斗出动12次；在湖南战役中，美国第十四航空队战斗出动202次，对进攻长沙、衡阳的日军多次进行轰炸、攻击。6月26日，美国第十四航空队在日军迫近的情况下，焚毁衡阳机场，转至零陵基地。8月8日，日军攻占衡阳。9月上旬，日军集中组编第六方面军，以大约13万兵力进攻广西。10月11日，日军攻占美国第十四航空队的柳州基地，第十四航空队部分兵力被迫转移到湖南西部的芷江。10月15日，第十四航空队从芷江基地出发，突袭被日军占领的衡阳机场，炸毁日军30架战斗机、12架轰炸机。

1944年10月12日至16日，美国第三舰队的航空母舰上起飞的战斗机及从中国基地起飞的B-29轰炸机共1100架次，连续袭击了台湾日军各机场和港口。这次空战，日军共损失500余架飞机，许多舰船被炸毁，部分舰船四处逃散，有的潜入香港避难，被第十四航空队的轰炸机炸沉8艘、炸伤11艘。

史迪威作为中缅印战区司令，将司令部设在缅甸丛林中，用美式装备训练中国部队，准备从缅甸进行反攻；蒋介石则主张将兵力用在中国战场。

1943年11月23日，中、英、美三国首脑开罗会议期间，陈纳德将军陪同蒋介石与宋美龄夫妇参观金字塔。当时陈纳德是以中国空军参谋长身份陪同出席开罗会议。

1945年1月28日，中印公路通车典礼在云南畹町举行。中印公路与滇缅公路相衔接，恢复了战时中国的国际交通运输。参加典礼的中美双方代表（左起）：美国陆军第十航空队司令官霍华德·戴维森（Howard Davidson）少将、美国陆军第十四航空队司令官陈纳德少将、中国远征军总司令卫立煌上将、美军印缅战场总司令丹·索尔登（Dan I. Sultan）中将、中国远征军副总司令黄琪翔中将、中国国民政府行政院代院长宋子文、中国驻印军新一军军长孙立人中将。

1944年10月19日，史迪威被免去中缅印战区司令职务，调回美国。中缅印战区被重新划分为中国战区和缅印战区，由魏德迈少将任中国战区司令，丹尼尔·索尔登少将任缅印战区司令。

第十四航空队在1944年11月共有17437人，战斗机535架，轰炸机156架。其中P-51战斗机时速达700千米，比P-40战斗机快150千米；B-24重型轰炸机装有10挺机枪，载弹4000千克，航程4500千米。第十四航空队从1943年3月成立至1945年5月，共击落、炸毁敌机2054架，自己损失500架。

魏德迈接任中国战区司令后，给第十四航空队的物资供应增加了。1944年12月，陈纳德再次提出他在6个月前提出的袭击日军汉口基地的计划，当时因史迪威拒绝提供油料而未能实现。现在，魏德迈不仅支持陈纳德的计划，而且征得五角大楼的同意，动用驻成都的100架B-29超远程重型轰炸机袭击汉口。12月18日，77架B-29轰炸机分7批空袭汉口，使日军在中国的最大基地被摧毁。1944年底开始，第十四航空队连续袭击广州、南京、上海、香港等地的日军航空基地。同时，轰炸日军的供应线，使日军作战物资的供应量大幅度降低。这时，日军地面部队开始收缩，航空部队出动量也开始减少。1944年12月，第十四航空队击落敌机241架；1945年1月，击落敌机334架。随后，日军航空部队出动量急剧减少。3月，第十四航空队仅击落敌机47架；4月，第十四航空队在空中巡逻中只碰到3架敌机。5月15日后，空中再也没有发现日军飞机了。

1945年7月31日，陈纳德少将被美国陆军航空司令部以身体健康原因免职。其实陈纳德身体很健康，只有一点点支气管炎，但丝毫不影响作战指挥和日常工作。陈纳德带着失意离开中国。陈纳德在中国8年，协助中国人民抗战，为打败日本侵略者立下汗马功劳。蒋介石和宋美龄设宴为他送行，并授予他中国最高荣誉——青天白日勋章。陈纳德

1945年3月24日,中国军事委员会委员长蒋介石视察昆明,与中美将领在昆明一号招待所合影留念。陈纳德少将和美军在华作战司令部司令官罗伯特·麦克鲁(Robert B. McClure)少将分别坐在蒋介石的左右。

就要离开中国了,蒋介石夫人、中国航空委员会秘书长宋美龄安慰、鼓励陈纳德,给了他面对未来生活的信心和勇气。陈纳德非常敬仰宋美龄,一直称她"夫人",对她毕恭毕敬。

1945年7月30日,中国军事委员会委员长蒋介石为陈纳德少将颁发中国政府最高荣誉——"青天白日大勋章"。

陈纳德一脸惆怅,带着极其复杂的心情离开了中国战场。

的部下、朋友及成千上万的中国人在成都双流机场欢送陈纳德，说明陈纳德在中国很得人心，许多人都不情愿他离开中国。陈纳德经"驼峰航线"到达印度，转道欧洲回到美国。

战争结束的日子已经不远了，在反法西斯战争即将取得最后胜利的关键时刻，陈纳德被调离中国战场。陈纳德是以极不情愿的心情离开中国战场的。用陈纳德的话说，"我满怀怒火和失望离开中国"。多少令他感到欣慰的是，1937年他以退休上尉的身份来到中国，在中国空军当顾问；而在8年后，他以美国将军的身份荣归故里。

陈纳德领导的美国志愿航空队、美国陆军第十航空队第23战斗机大队（美国驻华空军特遣队）和美国陆军第十四航空队，在抗日战争期间共击落、炸毁敌机2500架，自身损失568架。陈纳德及其领导的"飞虎队"、美国陆军第十航空队第23战斗机大队（美国驻华空军特遣队）和美国陆军第十四航空队，在中国抗日战争中作出了巨大贡献。

美国陆军航空队总司令亨利·H·阿诺德对陈纳德的评价是：他率领了一支美军规模最小的空军部队（美国陆军第十四航空队是美国最小的航空队，总共只有600多架飞机，而驻英国的美国陆军第八航空队最多时有8000架飞机。美国飞行员戏称第十四航空队是"吊在一根鞋带上的航空队"），在物资供应困难重重的条件下，消灭了敌军大量舰艇、船舶、物资及装备。他的部队所作出的贡献，已超出原拟定的仅仅限制日军空中与地面行动的设想，成为中国战场上削弱敌空中进攻的主要因素。……在执行任务时，陈纳德将军所表现出的战术与战略技巧、远见卓识与专业造诣，为他本人以及全体军人赢得了崇高荣誉。

陈纳德于1945年8月8日离开中国，他在中国工作、生活了8年2个月零8天，与八年抗战结下不解之缘。1958年7月18日，艾森豪威尔总统和美国国会批准晋升陈纳德为中将。7月27日，陈纳德逝世。美国国防部以最隆重的军礼将其安葬于华盛顿阿灵顿军人公墓。他的墓碑正面是英文墓志铭，镌刻着他所获得的各种奖章；背面是用中文写的"陈纳德将军之墓"，这是阿灵顿公墓中唯一的中文刻字。

陈纳德夫人陈香梅女士1992年7月31日的题词，被中国民众镌刻在陈纳德生前在云南昆明住地的石板上。

云南昆明，陈纳德领导的"飞虎队"（美国志愿航空队）指挥所旧址。

2 陈纳德的中国情缘

陈纳德将军爱憎分明，他义无反顾地协助中国打击日本法西斯，作出了巨大贡献。美国对日本宣战前，日本曾要求美国政府令所有在华航空人员离开中国。美国国务院将此事告知陈纳德，他非常明确地回答："我想我是一个中国人"，"当最后一个日本人离开中国时，我会高高兴兴地离开中国的。"1944年，陈纳德在昆明邂逅了中国女记者陈香梅。三年后，两人喜结连理，陈纳德实现了他"我想我是一个中国人"的梦。

1944年，19岁的陈香梅成为中央社第一位女记者，派驻昆明分社。考虑到陈香梅熟练的英语和广泛、良好的人际关系，昆明分社派她采访当时已经享誉全球的"飞虎队"指挥官陈纳德将军。她写了一些有关陈纳德将军和"飞虎队"的文章。这些文章宣传了陈纳德将军和"飞虎队"打击日本侵略军的英勇业绩，同时也提高了陈香梅的知名度。一来二去，两人逐渐产生了感情。

陈纳德退役回美国几天后，日本宣布无条件投降。他对自己不能参加受降仪式耿耿于怀。他说："八年来我唯一的雄心就是打败日本，我很希望亲眼看到日本人正式宣布他们的失败。"参加中国抗战使"飞虎将军"陈纳德名声大振，他有机会回到美国发展，有人劝他竞选州长或议员，有大公司请他做董事，正在筹组的航空公司聘他去掌舵……但他选择了再回中国拓展事业。

抗战结束后，陈香梅调到上海，而陈纳德也在回到美国不久后又返回中国。陈纳德想在中国继续发展他的航空事业，他也十分惦念陈香梅。尽管年龄相差34岁，但两人的感情不断升温。陈香梅的家人曾对两人的结合表示反对，但她动情地说："我宁愿和一个我爱的人共度5年或10年的日子，也不愿跟一个我没有兴趣的人相处终生。"

1947年12月21日，星期天，57岁的陈纳德与23岁的陈香梅在上海虹桥美华村5号陈纳德的寓所举行了简单又隆重的婚礼，有情人终成眷属。陈香梅身着白色婚纱，陈纳德则是一身笔挺的美国空军将军制服，两人互相许愿终身相守。然后，两人又合力用缴获的日本军刀切开大蛋糕，来宾纷纷举起香槟敬酒祝贺。

陈纳德廉价购入大量美国战后剩余的运输机，于1946年10月组建了民航空运队，为国民政府行政院善后救济总署运送救济物资，帮助中国救济难民，医治战争创伤。1948年后，蒋介石军队在内战中节节失利，陈纳德的民航空运队又帮助蒋介石空运军队、给养。1949年，陈纳德的民航公司从大陆迁往台湾，此后事业接连受挫。

陈纳德这位硬汉、美国人心目中的英雄，却未能打败最后的"敌人"——肺癌。1957年8月，陈纳德在手术前给陈香梅留下遗嘱："我以任何一个人所可能付出的爱，爱你和她们（指两个女儿），我同时相信爱将永存于死后……要记住并教导我们的孩子们生命中确切的真谛——要品行端正，要诚实忠贞，并以慈爱及于他人。生活不可过分奢侈，不要嫉妒别人，享受人间生活的舒适以及不以匮乏为忧。要谦和并全心致力于你所选取的职业……"

1958年7月18日，美国国会参众两院一致通过为陈纳德晋升空军中将军衔的法案。7月28日，陈纳德将军去世，享年67岁。美国国防部为陈纳德将军举行了隆重的葬礼，将他安葬在华盛顿阿灵顿国家公墓。他的墓碑上用中文镌刻着"陈纳德将军之墓"七个大字，这是阿灵顿国家公墓中唯一的中文刻字。

陈纳德将军病故后，陈香梅带着两个年幼的孩子，从头开始孤身奋斗。她几经拼搏，进入美国政界，从肯尼迪到克林顿，前后8位美国总统都对她委以重任；她继承陈纳德的遗志，为发展中美两国的友谊四方奔走，被称为"中美民间大使"，成为一位世界知名的传奇式人物。

陈香梅对于养育过自己的祖国一往情深，为中国的发展建设不遗余力。她曾随尼克松总统访华，并在1979年中美两国正式建交等重大事件中作出过积极贡献。她曾经作为里根的亲善大使到中国大陆和台湾访问，在两岸之间积极沟通，促进了两岸交流。邓小平曾说，"美国有一百个参议员，但全世界只有一个陈香梅！"

担任新闻记者时的陈香梅

陈纳德在上海的寓所是一位中国朋友借给他的。陈纳德与陈香梅的婚礼就在这幢宽大而精致的房子里举行。当时陈纳德为了开辟中国新的航空运输路线，已经投入了自己的所有积蓄。

新婚的陈纳德和陈香梅互相祝贺,并共同许愿——事业有成。

新婚的陈纳德和陈香梅夫妇,在观看、品味亲朋好友赠送的礼物。

蜜月中的陈纳德和陈香梅夫妇，真是一对恩爱的夫妻。

陈纳德和陈香梅热吻的照片，曾经被新闻杂志用作封面。

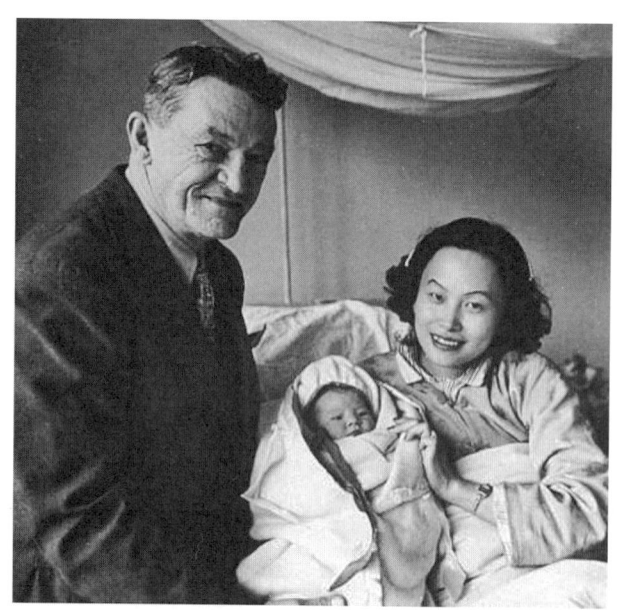
陈纳德和陈香梅夫妇与他们刚出生的大女儿在广州。

陈纳德和陈香梅夫妇及两个女儿陈美华、陈美丽。蒋介石夫人宋美龄是陈纳德与陈香梅两个女儿的干妈，两个女儿的名字也承袭了宋美龄名字中的"美"字。

远去的"飞虎" 永恒的丰碑 | 255

美国国防部为陈纳德将军举行隆重的葬礼，这是送葬的队伍。

位于华盛顿阿灵顿国家公墓内的陈纳德将军墓碑

1980年12月，陈香梅作为里根总统亲善特使到中国，带来了里根总统给邓小平的亲笔信。陈香梅与邓小平亲切握手的照片，成为当时中美两国各大报刊的头条新闻。

1983年8月31日，邓小平与来访的美国总统出口委员会主席陈香梅握手。

1995年8月15日，在南京抗日烈士纪念碑落成典礼后的晚宴上，陈香梅女士发表热情洋溢的讲话。

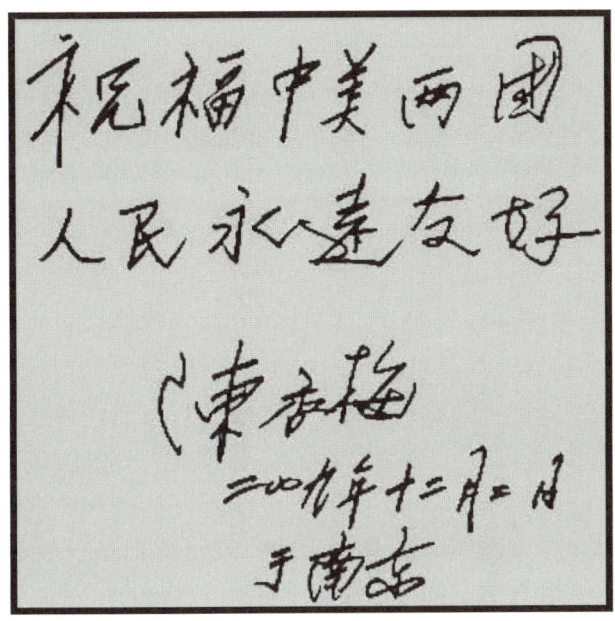

2009年12月2日,陈香梅女士专程到中国南京接受南京航空纪念馆名誉馆长的聘书并题词:祝福中美两国人民永远友好。

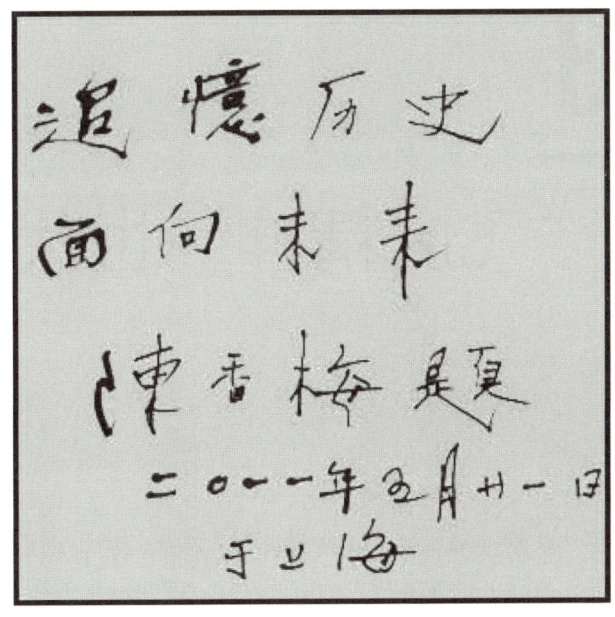

2011年5月21日,陈香梅在上海华亭宾馆为正在筹办的纪念"飞虎队"援华抗战70周年纪念展题词:"追忆历史,面向未来。"

2013年6月22日晚,陈香梅女士88华诞庆祝活动在华盛顿举行,中国驻美国大使崔天凯以中国传统的祝寿方式,衷心祝愿陈香梅女士"福如东海,寿比南山",并赠送"花开富贵"剪纸画作为生日礼物。

3

"飞虎精神"世代传

陈纳德培育的"飞虎精神",在战斗中表现得非常突出,是战胜敌人的重要法宝。而在日常工作、生活中,我们可以看到陈纳德将军和"飞虎队"的民主作风和平等原则以及处世哲学,也能感受到"飞虎精神"。"飞虎精神"可以激发你拼搏的热情,可以锤炼你的坚强意志,可以使你变得聪明能干,可以使你有明确的奋斗目标,可以使你逐渐成熟起来,有可能成为一名事业上的成功者。下面几件小事,都是当时战地记者采访获得的一手材料,我们可以从中感受到真实的"飞虎队"及其"飞虎精神"。

陈纳德招聘的美国退役飞行人员,分别来自战斗机部队、轰炸机部队、侦察机部队、运输机部队,还有飞教练机的飞行教官,他们职业背景不同,生活环境差异很大,人员素质参差不齐。当时,集中统一训练这些人员,使之达到能够作战的标准,非常困难。在缅甸的同古机场,陈纳德向英军租了训练场地。同古跟美国本土的陆军或海军驻地差异很大,跑道被沼泽和瘴气弥漫的丛林围绕,腐烂的草木使空气中充满了酸臭味,令人作呕;新盖的营房通风还算好,但当地的各种毒虫随风而来。同古机场恶劣的环境,给陈纳德的飞行训练和生活管理带来巨大的挑战。

很多人很好奇,想知道陈纳德是怎样的一个人。听听飞虎队员是怎样说的:他看上去很安静,平时说话音调轻轻的,是个标准的南方绅士。50多岁他就出了名。他爱讲那句口头禅:"我的办公室大门永远是敞开的,任何时候如果你有麻烦了,我都会帮助你解决。"我们有个兄弟看到两个飞行员在飞行训练的时候不幸牺牲了,就告诉"老头子",他不想飞了,可也不想回家,想干地勤。"老头子"就答应了,给他在地勤找了个差事。克里克·史密斯(Crick Smith)也是这样,"老头子"看他实在是不想上天作战了,就给他找了一个坐办公室的工作。"老头子"待人很随和,不管你做错了什么,他都会给你台阶下。在"飞虎队"的时候,大家都已经退出军队没有了军籍,每个人名义上都是平民,因此不需要彼此敬礼。但是有一个人除外,他就是"老头子"。"老头子"来了,我们先向他敬礼,然后就和他聊天。在一切非正规场合,我们都管他叫"老头子",没有贬损他的意思,真的。这是一个让人尊敬的外号——我们从来没有看见他对下属吆五喝六。

陈纳德领导、指挥的美国志愿航空队虽然编制在中国空军序列,但队员们都没有军籍。飞行训练完全按照军队的一套来管理,教他们掌握各种飞行技术和战术,特别是陈纳德自己创造的攻击战术。因此,凡是与飞行、空战有关的事,必须严格按照军法、军纪办事;但对于日常生活,陈纳德则采用

好莱坞迪斯尼公司为"飞虎队"设计的带翼飞虎标志,洋溢着"飞虎精神"。

1944年12月的一天,陈纳德少将从他的翻译官舒伯炎上校手中接过一包中国儿童送给他的圣诞贺卡。旁边是中国儿童的代表。

民主原则的管理方法,取代严格的军事规章制度及律令,使全体人员尽可能像住在一个普通的美国社区一样。集体生活中产生的许多问题经过公开讨论后,通过制定规矩的方式来解决。每个人都可以自由地发表自己的意见,甚至发牢骚。陈纳德对志愿队的这种管理方法和模式,受到老派军人的怀疑,他的队伍被一些军事观察家和记者认为是一群目无军纪的乌合之众。

陈纳德对志愿队的管理方式虽然受到一些人的质疑,但开明的民主管理作风却赢得了志愿队员们的尊敬与拥戴。他们昵称陈纳德为"老爹",向他学习驾驶P-40攻击日军轰炸机、战斗机的秘诀。陈纳德对付日本战斗机的策略是,驾驶P-40战斗机高速冲向日机并攻击,然后俯冲或拉升脱离,这样就能避免与重量轻、机动性好的日机陷入缠斗。P-40在机头配有两挺12.7毫米协调式机枪,两翼上加装四挺7.7毫米口径的机枪,在施展这种"打了就跑"的战术攻击日机时特别有威力。陈纳德认为,"也许志愿队取胜的关键就在于日本人从未见过这样的战术。"陈纳德把歼灭敌人的绝招告诉队员们,"教会他们如何让自己的武器装备发挥到极致,以及怎样在每天的战斗中生存下去。后者尤其重要,因为我们的人数这么少,兵员补充又不稳定"。

连续、高效的作战常常使人员十分疲惫,陈纳德会安排修整,以利再次作战。一天,史迪威将军到陈纳德的基地视察,看到空地勤人员有的坐在停机坪上打扑克,有的在看书,有的在聊天,还有的躺在水泥地上晒太阳。史迪威问陈纳德,这群家伙能打仗吗？陈纳德说，连续几天作战使人员非常疲劳，让他们休息、放松，恢复体力，好准备参加新的战斗。史迪威用怀疑的目光看着陈纳德，陈纳德随即向值日军官喊道："有敌情，战斗机升空！"空地勤人员立即奔向战机，地勤人员帮助飞行员爬进座舱，关上座舱盖，开车、拿开轮挡、滑出、进跑道、起飞，6架P-40战斗机冲入云霄……陈纳德向值日军官下达命令：进行飞行表演，做几个动作。只见6架P-40战斗机开始俯冲、拉起、翻筋斗、上升转弯、"殷麦曼转弯"、横滚，然后变换各种战斗队形，最后低空大速度通场并摇摆机翼，依次降落滑向停机坪。史迪威看了精彩的飞行表演，不得不对"飞虎队"刮目相看。

由于文化背景不同，陈纳德带兵的方法与中国军官不一样。试想一位战斗人员成天处在紧张的状态，不用去打仗自己可能就崩溃了。陈纳德的带兵方法与中国一句非常有哲理的老话——"一张一弛，文武之道"相吻合。陈纳德对部队严格要求、严格训练，战时才能英勇顽强，克服一切困难完成战斗任务。但在平时，他让部属尽量放松，保持愉悦的心情。

陈纳德担任中国航空委员会顾问和中国空军美国志愿航空队上校指挥官时，因其编制在中国空军，所以都是由航空委员会为他和志愿队其他人员按月发给薪金。1942年7月美国志愿航空队被收编为美国陆军第十航空队第23战斗机大队后，因编制在美国陆军航空兵，遂由美国政府按月发给薪金。这次改编用了近两个月时间才全部完成。陈纳德收到的中国航空委员会发给他的最后一张支票，附单上说明是7月全月和8月若干天的薪金。他毫不犹豫地将支票退还，并附信说：本人从7月份已经恢复美国现役军人资格，本国政府自7月起已经给予应有的待遇，我不能够再接受中国政府给予的薪金……实际上，编入第23战斗机大队后，陈纳德月薪300多美元，比中国政府给他的少了约2/5。

由于陈纳德脸上的皱纹比较多，大家称他"老头子"。陈纳德听到部下给他起的这个绰号，也就不客气地以老头子自居。有时候，陈纳德看完公文后不签自己的名字，而写上"O M"两个字母（英文老头子（OLd Man）的缩写）。有一次却闹出了笑话。不少人搭乘军用运输机来往各地，各基地指挥官有权批准，但女性不能够搭乘便机，除非得到陈纳德的特许。陈纳德讲话乡土音特别重，中国空军翻译舒伯炎少校与陈纳德相处时间比较长，完全能够听得懂，因此，陈纳德与中国人打交道都离不开舒伯炎。美国志愿航空队改编为第23战斗机大队后，其司令部由昆明巫家坝迁到重庆白市驿，舒伯炎也跟随陈纳德从巫家坝到了白市驿，可是舒伯炎的夫人还住在昆明。由于思夫心切，她请求陈纳德批准搭乘便机到白市驿。特准电报由白市驿拍发到昆明，昆明基地指挥官送交舒伯炎夫人并交代，乘机时务必将特准电报交驾驶员查验。然而，运输机驾驶员拒绝舒伯炎夫人登机，他说：对不起，舒太太，除陈纳德将军外，没有人有权特准女士搭乘军用飞机。这封电报签署的是"O M"，我不知道是谁，他怎么能够任意签署准许女士搭乘军用飞机的文件？我要报告陈纳德将军查清楚此事。原来，这位驾驶员两天前刚刚从美国调派过来，他不知道陈纳德有用"O M"代替名字的习惯。后来，基地指挥官特地到机场向驾驶员说明，"O M"就是陈纳德的签名，舒伯炎夫人才登上飞机。

美国志愿航空队的薪金，按事先商定都是以美元计发。但在中国，则按财政部规定20比1的汇率发给法币，即1美元发给20法币。美国志愿航空队改编为第23战斗机大队后，其薪金不再由中国政府发给，而改由美国政府发给。中美两国政府商定，凡是派遣到中国的美籍人员，一律按照规定的汇率发给法币，以免大量美元流入市场影响中国金融稳定。起初这项政策执行得很好，但随着物价一天天飞涨，美元的黑市价格也一天天升高，一美元可以换200多法币。一名士兵一月二三十美元，领到的法币也就五六百元，严重影响了他们的生活。

"飞虎队"队员向母亲展示中国航空委员会发给美国飞行员的迫降、跳伞时求助的布幅（血幅）。小小的救助布幅凝聚着中美两国军民共同抗敌的深厚情结。

2014年1月9日，美国飞虎队历史组织主席、退休空军少将詹姆士·怀特黑德致函中国驻美大使崔天凯，对日本首相安倍晋三参拜靖国神社表示失望，并表示美国与其他国家一道对此行径予以谴责。怀特黑德在信件中重申，飞虎队历史组织致力于保护中、美两国人民在二战中合作的历史以及推动两国人民之间的友谊、理解与合作。有良知的美国人应该继承和发扬"飞虎精神"，维护世界和平，揭露和批判美化军国主义、歪曲历史的行为。

志愿队人员回国休假时，向亲属展示绘有飞虎的"美国空军志愿队"标识。

士兵们集会商议后，推举一位代表将他们的意见写成书面报告交给陈纳德，要求改发美元。陈纳德接受了这一请求，他表示这是于公无损于私有利的事情，愿意全力向美国政府反映。有人提醒他，驻华美军人员薪金按法币发给是美国政府规定的，如果大量美元进入中国市场将影响中国金融稳定。陈纳德回答说，发给美元可能会有些问题，但我个人及美国政府不能不考虑士兵们的利益。陈纳德立即将士兵的请求转呈美国军部，不到两周时间问题就得到了解决。当月发薪的时候，全体官兵领到的都是美元。陈纳德对部属的关心及领导人的责任感，得到全体官兵的钦佩和赞赏。

"飞虎队"在昆明巫家坝机场有30多辆军用卡车，如果按照中国人的管理方式，必然组织一个"车队"，要有队长、队副、书记、会计、文书、军需及杂役等十余人。而美军管理这30多辆卡车的只有三个人，一位美国大学法律系刚毕业就应征入伍分配到中国的上士和两名一等兵助手（一位大学毕业生，一位受过中等教育的百货商店店员）。他们的办公室在一辆大汽车上，内部陈设简单：一张行军床、一张小办公桌，桌上有一台打字机及少量办公用品，车厢边挂着一块黑板，记录着每辆卡车的动态；另一面车厢有一个书架，放有军队发放的文化书籍及杂志等。有两把小椅子，因两个助手总有一名在外执勤，所以没有第三把椅子。他们三人每晚轮流在车上值班，每日的工作用打字机记录下来，晚上加以整理就成为一天的工作报告。这辆办公车在机场到处跑到处停，工作却不能停顿。这辆车经常停在塔台旁边，上级有命令，就利用塔台进行转达。

美国志愿航空队改编为第23战斗机大队后，留驻昆明基地的美军官兵有700余人，所有经费的报销、薪金的发放等都由基地指挥部会计室办理。会计室也只有三人，上尉会计主任、两名会计（其中一名上士管理计算机负责编报计算工作，一名一等兵任打字员），工作有条不紊。陈纳德的部队打仗合理使用兵力，胜多败少；平时工作也注重效率，达成事半功倍之效果。

一天，昆明机场的中国卫兵长给陈纳德一份报告，说常有美军官兵深夜带娼妓到机场草地，做些有伤风化的事情，请求陈纳德将军查禁。陈纳德在报告上批示："这些空洞没有证据的事，不要来麻烦我。"卫兵长碰了个软钉子，自然心中不悦。过了两天，一个秋高气爽的夜晚，卫兵长率领4名卫兵押着一名美国兵和一个娼妓到翻译室，说送证据来了。军官记录了那位惶恐不安的士兵的番号和姓名，暂时在值班室羁押。第二天，临时军事法庭开庭，询问时，那位被告士兵坦白了一切；询问结束，军法官认为被告确实违犯了军法，要将他解回美国法办。而对于那位娼妓，军法官没有任何表示，只认为她是一名证人，把她释放了。对于这件事，有的中国人不太理解，就问美国军官。美国军官说，被告犯罪是由于他带一名普通女人进入军事要地，犯有不注意保守军事机密的罪行，属于军法范围，所以要受到军法审判；至于伤风化的事情，这是买卖行为而且双方愿意，在他们看来是无罪的。过了两天，陈纳德请一位翻译官代他向那位卫兵长致歉，谢谢他热心检举这件事，并赞赏他的负责精神。

美国志愿航空队编制在中国空军，因是中国雇佣的"志愿队"，在管理方面既不能用中国军事法规也不能用美国军事法规，只能适用一些内部规定，遇到一些违规、违纪的事情，处理起来比较棘手。美国志愿航空队改编为第23战斗机大队后，全体人员都有了军籍，出现违规、违纪的事情，一律按美军军法处置，执法非常严格。因此，违规、违纪的事件就少多了。

中国政府和民众以各种方式来纪念陈纳德将军和"飞虎队"，用"飞虎精神"来教育年轻一代，让陈纳德将军和"飞虎队"英雄受到广大民众的敬仰，让他们的英勇业绩得到弘扬，让"飞虎精神"

2013年9月6日,四川省对外友协在成都举办纪念陈纳德将军诞辰120周年座谈会。中美两国与会人士畅谈了陈纳德将军培育的"飞虎精神",认为"飞虎精神"必将激励中美两国年轻一代开创未来,建设美好的家园。

在中国发扬光大。中国在当年陈纳德领导的中国空军美国志愿航空队、美国陆军第十航空队第23战斗机大队、美国陆军第十四航空队等部队的驻地建立了纪念馆或展览馆,专门介绍陈纳德与"飞虎队"的英雄事迹,展出有关陈纳德将军和"飞虎队"参加中国抗战的照片、资料,以及飞机残骸、服装、日用品等文物。许多地方还为"飞虎队"建立纪念碑、纪念亭,为陈纳德将军塑像,发行陈纳德将军纪念邮票、首日封等。

陈纳德诞辰120周年纪念邮票

芷江飞虎队纪念馆

建于2005年的湖南芷江飞虎队纪念馆,主要由抗战时期的中美空军芷江基地指挥部、塔台旧址、中美空军联队俱乐部旧址组成。芷江不仅是抗战期间中美空军重要的基地,还是日本投降的见证地。

芷江飞虎队纪念馆展出的飞虎队员照片。他们中,有的早已阵亡,有的已经过世,在世的都已经是耄耋老人了。但是,中国人民会永远记住他们,是他们与中国军民一起打败了日本法西斯。

"飞虎队"使用过的马灯。当年的芷江机场没有夜航设备，就用马灯代替跑道边界灯和落地点"T"字灯，保障战机夜间安全起飞、着陆，打击来袭的日军飞机。

"飞虎队"使用过的英文打字机

飞虎队员配备的指南针，当飞机迫降或飞行员跳伞后可用来确定方向。

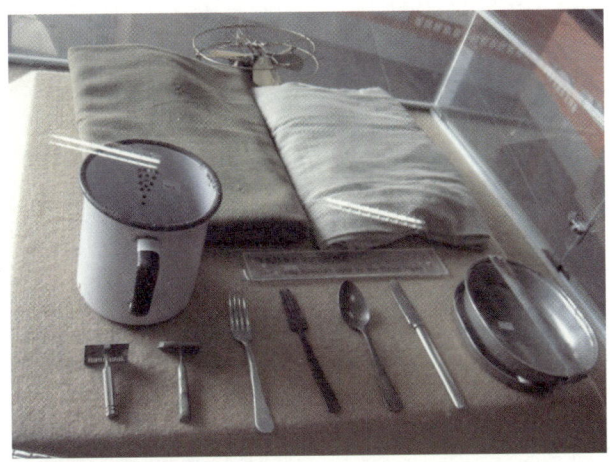

飞虎队员的衣服及生活用具

抗战时期美国陆军第十四航空队在芷江机场的指挥部，保存非常完整。这是十分珍贵的军事航空历史遗迹，已经被认定为一级文物。

芷江飞虎队纪念馆内的"飞虎队"群像

昆明飞虎队纪念馆

昆明是陈纳德领导、指挥的中国空军美国志愿航空队司令部所在地，也是"驼峰空运"终点站。昆明与"飞虎队"有着深厚的历史渊源，"飞虎队"在昆明诞生，在昆明成长，昆明人民对"飞虎队"有着深厚的感情。

2012年12月20日，是71年前陈纳德领导的中国空军美国志愿航空队在昆明上空首次空战并取得丰硕战果的日子，昆明飞虎队纪念馆在昆明市博物馆举行开馆典礼，2000余件"飞虎队"文物在飞虎队纪念馆展出，见证了"飞虎队"和昆明这座城市的历史渊源。昆明飞虎队纪念馆以大量珍贵的历史图片、翔实的史料和大量文物，全面展示"飞虎队"的战斗历程。

昆明飞虎队纪念馆收藏的美军带帆布套小型急救盒，为战斗人员配备，飞行员迫降或跳伞时可能用上。

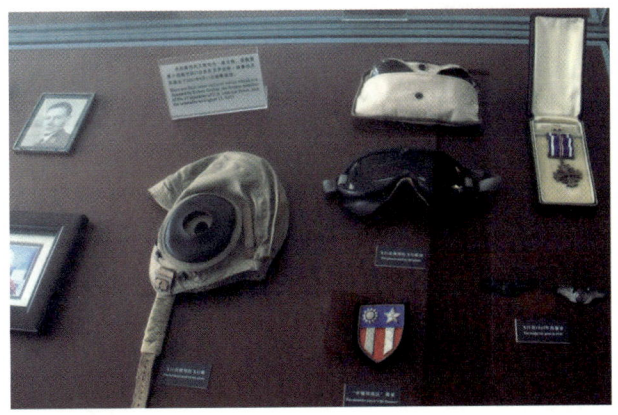

四川建川博物馆展出的"飞虎队"使用过的飞行帽、风镜、标志，以及勋章等物品。

美军使用的双筒望远镜及牛皮制作的望远镜盒套

昆明飞虎队纪念馆收藏的美军信号队（通信队）使用的EE-8-B型电话机

贵州省黄平县旧州机场遗址的陈纳德将军塑像。旧州机场始建于1939年，1945年完工，期间边建设边使用。美国陆军第十四航空队曾经驻防旧州机场，特别是湖南芷江机场被炸毁后，旧州机场成为西南地区重要基地。

北京金台艺术馆内，小朋友们打出"V"字手势与陈纳德将军塑像合影。

广东台山飞虎队纪念亭，建成于1991年3月，由祖籍台山的原美国陆军第十四航空队飞行员梁炳聪上尉等10多位美籍华人捐资，委托台山市海外联谊会修建。

云南腾冲，"飞虎队"曾经训练和作战的地方，修建了飞虎公园。

远去的"飞虎" 永恒的丰碑 | 269

2009年3月22日,桂林飞虎队遗址公园开工仪式在临桂县美国陆军第十四航空队秧塘机场指挥部旧址前举行。美国飞虎队历史组织总裁拉里·哲伯带领80多名"飞虎队"队员亲属专程赶到桂林,见证了这一重要的历史时刻。

2013年3月30日,桂林飞虎队遗址公园/纪念馆落成,美国飞虎队历史组织主席、中美二战老兵及桂林民众代表等参加落成典礼。

4

中美军事航空历史文化交流

陈纳德和"飞虎队"的英勇业绩，以及陈纳德培育的"飞虎精神"，在中美两国不断得到升华和传播，并逐渐演变成中美军事航空历史文化的交流。中美两国有关陈纳德和"飞虎队"的展览，不仅吸引了许多"飞虎队"老兵和他们的亲属，而且受到广大军事迷、航空迷以及普通参观者的欢迎和好评。这种军事航空历史文化交流从民间到官方，不断地扩大和发展，促进了中美两国政府、军队和人民的友好往来，加深了彼此的信任和友谊。

原美国志愿航空队和第十四航空队的老战士，对在中国战斗、生活的经历难以忘怀，他们分别成立了美国"飞虎协会"和"第十四航空队协会"，并经常组团来华寻访当年战斗、生活过的地方。曾经与美国航空人员在抗日战场上并肩战斗的中国航空人员和工作人员也常去美国访问老战友，共叙旧情。这种彼此往来增进了中美两国人民的友谊。

美国"飞虎队"老兵经常携亲属组团到他们曾经战斗、生活过的云南昆明、重庆、四川成都、湖南芷江、广西桂林和柳州、南京，以及中国首都北京等地参观游览。"飞虎队"老兵及亲属团到北京，通常与北京航空联谊会举行座谈会，并由航空联谊会的人员陪同参观中国航空博物馆。从2004年至2007年四年间，有六批"飞虎队"老兵及亲属团近600人参观中国航空博物馆。他们来到航空博物馆，不仅是缅怀自己的亲人和战友，也是为了重温那段不能忘记的历史。

当年，为了对日军实施机动作战，陈纳德以昆明为大本营，先后在云南省内修建了28个机场，又在广西、四川、湖南等地新建扩建许多机场，将作战空间逐步向中国东南部和西南部推进。中国军民全力以赴，积极筹措工具、物资，支援驻华美军修建机场。当时在中国修建机场，没有机械设备，完全靠手工作业，其中用来碾轧机场跑道的大石碾给许多人留下了深刻的印象。

在美国俄亥俄州代顿的美国空军博物馆，反映陈纳德将军和"飞虎队"以及"驼峰空运"的照片中，就有中国民众拉着大石碾碾轧机场跑道的照片。但是，许多参观者对这张照片不知所云。在他们的脑海里，修建机场碾轧跑道就是用推土机、压路机……为此，美国空军博物馆向中国云南省政府提出赠送大石碾的要求。2004年3月29日，云南省政府在昆明向美国空军博物馆赠送了珍贵文物——大石碾；6月25日，在美国空军博物馆举行了大石碾交接及揭幕仪式。这次赠送的大石碾是当年修建呈贡机场时使用的，直径约1.2米，重量达2吨。

1991年10月,美国"飞虎协会"和"第十四航空队协会"330人应邀来华访问,其中部分人员在人民大会堂受到吴学谦副总理的接见。

2003年11月16日,首届中国芷江国际和平文化节在湖南芷江开幕,美国"飞虎协会"主席约翰·理查德·罗西(中)、"飞虎队"队员罗伯特·赫雷(右)和皮特·怀特(左)等出席开幕式。

约翰·理查德·罗西（左）、皮特·怀特（中）和罗伯特·赫雷（右）参观芷江飞虎队纪念馆。

美国"飞虎协会"主席约翰·理查德·罗西（左）向芷江飞虎队纪念馆赠送"飞虎队"P-40战斗机绘画。

约翰·理查德·罗西（左）、皮特·怀特（后中）和罗伯特·赫雷在原芷江机场指挥部搭台与当年守卫机场的士兵及修筑机场的村民合影。

1995年,中美两国老战士及现役人员出席在中国航空博物馆举行的纪念二战驼峰飞行活动。

2005年8月16日,美国飞虎老兵(包括当年飞越"驼峰航线"的20名机组人员)和老战士代表团共54人抵达重庆江北机场,受到重庆市政府和人民的热烈欢迎。

约翰·理查德·罗西(左)、皮特·怀特(中)和罗伯特·赫雷(右)在芷江飞虎队纪念馆与陈纳德将军塑像合影。

美国空军退役少将、原美国陆军第十航空队第23大队首任大队长、王牌飞行员罗伯特·斯科特（中）与中国老飞行员阎磊（右）及张大翔（左）合影留念。

2004年3月29日，云南省政府向美国空军博物馆赠送大石碾仪式在昆明举行。

美国驻华使馆空军武官雷诺兹代表美国空军博物馆接收大石碾并讲话。

赠送仪式上,双方代表将覆盖在大石碾上的红绸揭开。

参加仪式的两国人士抚摸、感受真实的大石碾。

美方人员听当年拉大石碾修建机场的民工曹福新(左3)讲述使用大石碾碾轧跑道修建机场的故事。

在美国空军博物馆展示的大石碾。博物馆方面专门运来沙土模拟大石碾碾轧道面，使参观者理解大石碾的用途。

2004年7月26、27日，云南省政府新闻办公室在昆明举办首届中美二战友谊国际学术研讨会。多位"飞虎队"老兵、参加过"驼峰空运"的老兵参加研讨会，并讲述了当年在中国的战斗经历，还展示了当年他们身穿飞行服的照片。美国驻华大使馆公使衔新闻文化参赞裴孝贤（Don Bishop）发言时说，今天我们双方因为这些勇士曾经建造的一座跨越喜马拉雅山脉通往中国的空中桥梁来到这里，是来重建二战遗留下来的宝贵友谊并消除隔阂和不信任的。

2010年9月5日，"飞虎队"指挥官陈纳德将军的外孙女、美国陈纳德军事航空博物馆馆长尼尔·凯乐威参观了北京抗战名将纪念馆。尼尔·凯乐威向抗战名将纪念馆捐赠了"陈纳德将军纪念册"及记录陈纳德在中国生活和战斗的原始纪录片。在谈到陈纳德将军时，尼尔·凯乐威说，陈纳德将军确实如当时媒体报道的，是个脾气很大的人，因此他和美国军界相处得并不好。但是，生活中的陈纳德却十分有闲情逸致。陈纳德喜欢打猎和钓鱼，但来到中国后，由于公务繁忙没有时间打猎和钓鱼，他就在基地办公区和宿舍附近种些花草。

尼尔·凯乐威说：中国人民对于陈纳德将军的尊敬要远远超过美国，因为中国人民在战争中蒙受了太多的苦难。为了让更多美国人了解陈纳德及"飞虎队"的英勇事迹，我一直在努力与教育部门合作，希望更多孩子能了解这些历史。现在，越来越多的

首届中美二战友谊国际学术研讨会主席台

首届中美二战友谊国际学术研讨会会场

美国驻华大使馆公使衔新闻文化参赞裴孝贤为研讨会开幕式致辞。

"飞虎队"老兵查尔斯·R·邦德在研讨会上发言。

2012年12月,陈纳德将军的外孙女尼尔·凯乐威出席昆明飞虎队纪念馆开馆典礼并致辞。

尼尔·凯乐威参观昆明飞虎队纪念馆。

美国人开始重视历史，开始认识过去的历史对现在产生的影响。我常常说，一个人不了解过去就不知道未来，不向过去学习就会不知道该如何走下去。

陈纳德将军已经离世半个多世纪，为了让美国人更好地铭记这段历史，他的家人也一直在努力。尼尔·凯乐威在路易斯安那州开办的陈纳德军事航空博物馆，2011年参观的人数达到35000人。尼尔·凯乐威把延续"飞虎队"与中国人民的友谊、发扬"飞虎精神"作为她的历史使命。她在北京抗战名将纪念馆的留言簿上写道："愿中美人民永远记住两国在抗日战争中结下的友谊，愿我们的后代永远理解和平有多么重要。"

2011年3月11，美军太平洋总部前司令、退役海军上将、太平洋航空博物馆董事会主席罗纳德·海斯（Ronald Hayes）先生来到北京抗战名将纪念馆，参观了中国抗日战争专题展，与有关专家学者围绕二战时期美国"飞虎队"援华抗日作战、中国军民救护美国飞行员等历史问题进行了学术交流。

海斯先生说，他任职的太平洋航空博物馆坐落在夏威夷的福特岛，这个岛位于二战时日本曾经偷袭的珍珠港内，博物馆每年接待成千上万人参观。这次访华和参观抗战名将纪念馆，主要是为了了解20世纪40年代中美两国是如何合作展开如此令人难忘的举动，也想了解中国人民是如何认识和评价"飞虎队"的，以确保在美国的展览能够准确反映两国在那段时期携手抗日的历史。他说，美国人民对这段历史的了解源于第二次世界大战，那时中美两国都面临很大的困难，"飞虎队"的辉煌战绩通过报纸、杂志、电影等宣传手段在美国人民中代代相传。

2011年4月12日，中国国务委员刘延东在美国主持第二轮中美人文交流高层磋商闭幕会议时说："我家里至今还留有一张老照片，讲述的是我父亲（刘瑞龙）——一位抗日将领和他的战友们冒着生命危险营救美国飞行员的故事。在那次行动中，有3名中国战士英勇牺牲。"和她一道主持会议的美国国务卿希拉里说："我对您父亲的这张照片非常感动，我将以极大的荣幸把它挂在我的办公室里……"希拉里将这张被镶在相框里的老照片放到会议桌上，让在场的人都能优先一睹"真容"。

刘延东在讲话中表示，60多年前中美并肩战斗共同抗击法西斯侵略，其间3000多万中华儿女献出了宝贵的生命，2000多名美国援华航空人员长眠在中国，留下了可歌可泣的故事。她说："国之交在于民相亲，民相亲在于心相通。人文交流是国与国、民与民之间增进了解、建立互信的桥梁，是中美关系深化发展的不懈动力。"希拉里表示，老照片提醒人们，中美两国人民的友谊源远流长，在如今并非战争而是和平与希望的年代，我们有机会通过两国人民的直接交流增进相互理解，对此我们应非常感激。

2012年4月12日，中国人民对外友好协会在中国驻美国大使馆举办了纪录片《飞虎情缘》首映式。正在美国访问的国务委员刘延东、中国驻美国大使张业遂，以及原"飞虎队"指挥官陈纳德将军遗孀陈香梅女士、部分"飞虎队"队员、美国陆军第十四航空队代表等170多人出席了首映式。刘延东在致辞中指出：叶里洛拉的故事感人至深，充分展现了中美两国友好合作的历史。作为两个对当今世界和平、发展、繁荣、稳定都有重要影响力的国家，中美应该像60多年前一样，再次携手共同发挥积极作用，让中美两国人民生活更美好，让这个世界的所有人生活更美好。

2012年5月，中国国防部长梁光烈上将访问美国，期间会见了"飞虎队"老兵和家属。当年近90高龄的"驼峰航线"老兵、美国"驼峰协会"主席杰伊·温雅德和"飞虎队"指挥官陈纳德将军的外孙女尼尔·凯乐威抵达会见厅时，梁光烈抬起右手郑重地行了一个军礼并说："向老兵敬礼！""Yes, Sir！（是，长官）"老兵杰伊·温雅德马上回礼。梁光烈上将在门口迎接这两位中国人民的朋友，并致以亲切的问候。梁光烈说："今

美军太平洋总部前司令、太平洋航空博物馆董事会主席罗纳德·海斯参观北京抗战名将纪念馆，仔细观看有关"飞虎队"援华抗日作战的内容。

罗纳德·海斯先生向北京抗战名将纪念馆赠送飞虎T恤衫纪念品。

2012年4月12日，正在美国访问的中国国务委员刘延东（右2）向原美国陆军第十四航空队飞行员叶里洛拉（格伦·本尼达）的夫人埃莉诺·本尼达（左3）颁发"人民友好使者"证书。

2012年5月，中国国防部长梁光烈上将（右）在美国会见陈纳德将军外孙女尼尔·凯乐威（中）和美国"驼峰协会"主席杰伊·温雅德（左）。

尼尔·凯乐威（中）代表母亲将一张陈纳德的画像送给梁光烈。

杰伊·温雅德（左）向梁光烈上将赠送了一本研究"飞虎队"和"驼峰航线"的新书。

天是我（在美国）的主要活动，第一件事就是会见二位，把你们放在最前面。"其后，梁光烈将前往五角大楼与美国国防部长帕内塔举行小范围会谈并共同会见记者。

梁光烈说："飞虎队"曾为中国人民的抗日战争事业作出了巨大牺牲和贡献，中国人民将永远纪念这段历史。第二次世界大战中，中美两国曾经有过紧密的合作，"飞虎队"就是一个证明。目前，在中美两国领导人的积极推动下，中美关系总体上呈现良好的发展势头。中美两国关系的发展不仅需要两国领导人的推动，更需要人民的参与。

杰伊·温雅德作为当年最年轻的飞行员，执行过87次"驼峰航线"往返飞行任务，他为曾经与中国人民携手战斗的这段经历而自豪。杰伊·温雅德说："作为一个亲历过二战的人，我觉得像我们这样的人应该站出来，告诉美国人我们应该和中国有更加紧密的关系。"

2014年5月15日，在美国进行正式友好访问的中国人民解放军总参谋长房峰辉与美军参谋长联席会议主席邓普西举行会谈，并把"飞虎队"飞行员詹姆士·布朗当年在中国云南不幸遇难的相关资料交给了邓普西。房峰辉上将还专程会见了"驼峰航线"老兵代表杰伊·温雅德、"飞虎队"指挥官陈纳德将军的外孙女尼尔·凯乐威、原美军驻中缅印战区司令兼盟军驻中国战区参谋长史迪威将军的长孙约瑟夫·史迪威及其家人。

房峰辉说，史迪威将军、陈纳德将军和美军将士曾在中国战区参与对日作战，沉重打击了日本法西斯主义，为二战胜利作出积极贡献，"飞虎队"的故事至今仍在中国和中国军队中广为传颂。中美当年携手抗战的历史至今令人难忘，中国人民永远不会忘记在抗战期间英勇牺牲的英雄和先烈；铭记这段历史是为了更好地珍惜来之不易的和平，中美关系健康稳定发展不仅有益于两国人民，对亚太地区乃至世界和平稳定也非常重要。

会见结束后，双方互赠了礼品。房峰辉把周恩来总理给史迪威将军亲笔信的复印件以及一幅"飞虎"图作为礼物赠送给老兵及后人，希望他们能够继续在美国讲述"飞虎队"的故事。现任陈纳德军事航空博物馆馆长的凯乐威说，她将把房峰辉所赠送的刺绣"飞虎"图收入博物馆，希望能向美国观众讲述更多中国的抗战故事。

2014年10月24日晚，中国驻旧金山总领馆隆重举行"向美国飞虎队老兵致敬"招待会。美国飞虎队历史委员会成员、飞虎队老兵及家属、美中友协旧金山分会及世界抗战史实维护会等单位代表约200人出席招待会。8位"飞虎队"老兵和参加过"驼峰空运"的机组人员接受了中国驻旧金山总领馆和飞虎队历史委员会的褒奖。中国驻旧金山总领馆袁南生总领事在讲话中说，在中国人民抗日战争的进程中，美国"飞虎队"与中国军民并肩作战，写下了很多可歌可泣的感人故事，是中美两国联合反抗日本法西斯侵略的精彩篇章，在中美关系中占据重要地位。中国人民永远不会忘记美国朋友曾经给予的巨大帮助。他强调，牢记历史并不是要延续仇恨，而是要以史为鉴、面向未来。他向致力于传承和弘扬"飞虎精神"、增进两国人民友谊的美国飞虎队历史委员会表达了赞赏和感谢，希望通过双方的共同努力，将"飞虎精神"和中美两国人民的友谊代代相传，谱写中美新型大国关系的新篇章。

飞虎队历史委员会主席詹姆士·怀特黑德等在招待会上发表了热情洋溢的讲话，陈纳德将军外孙女尼尔·凯乐威等为招待会发来贺函。知名侨领方李邦琴当场向飞虎队历史委员会捐赠17.5万美元，用于捐赠一架曾飞行"驼峰航线"的运输机，永久陈列在桂林飞虎队遗址公园，并聘请詹姆士·怀特黑德担任海外抗日战争纪念馆名誉馆长。

参加座谈会的8位老兵中，最年长者是当年参加"驼峰空运"的101岁华裔飞行员陈文宽。1942年的4月22日，中国交通部紧急命令陈文宽运送

执行"驼峰空运"任务时的杰伊·温雅德

2013年9月5日，杰伊·温雅德在孙儿陪同下，与陈纳德将军的外孙女尼尔·凯乐威一起到北京抗战名将纪念馆参观。杰伊·温雅德指着展板上的一张照片说："看到了吗，这个就是我！"然后，他介绍了自己飞越"驼峰航线"运送作战物资的情况。

2015年6月12日，中国中央军委副主席范长龙上将在华盛顿会见"飞虎队"老兵代表杰伊·温雅德（左）及美援华老兵后人。

2014年10月24日晚，中国驻旧金山总领事馆举行"向美国飞虎队老兵致敬"招待会，8位二战时期援华抗日的"飞虎队"老兵接受嘉奖与鲜花。

"飞虎队"老兵戴维·汤普森（David Thompson）的女儿翠西·汤普森（Tracy Thompson）向中国驻旧金山总领事袁南生赠送她亲手制作的纪念品。她说，父亲驾驶战机被日军击落后，得到当地中国民众的及时救助并回到部队，她非常感谢中国人民。

中国驻美国旧金山总领馆总领事袁南生致辞，盛赞"飞虎队"老兵和"驼峰空运"机组人员的"飞虎精神"。

知名侨领方李邦琴（中）当场向美国飞虎队历史委员会捐赠17.5万美元，图为她将支票交给美国空军退役中将、飞虎队历史委员会主席詹姆士·怀特黑德（右）。

中国航空公司飞行员陈文宽飞越"驼峰"200余次,是参加"驼峰空运"的第一位中国机长。

美国杂志刊登的讲述陈文宽在飞机严重超载的情况下,安全运送詹姆士·杜利特中校从中国昆明到达印度加尔各答的经过的文章。

6位美国军人到印度加尔各答。从昆明起飞时,陈纳德将军为这些美国军人送行,陈文宽想,这些人中必有重要人物。飞机在缅甸北部的密支那机场降落加油时,日军先头部队已经逼近密支那城,可以听见零星的枪声,许多难民开始拥进机场,想挤上飞机。这时,美军中一位不修边幅、穿着破烂的军官出来帮忙,尽量将在机场服务的中国员工拉上飞机。陈文宽感觉此人有些面熟——原来是曾经来中国进行飞行表演的詹姆士·杜利特,他这次又是来推销飞机吧?陈文宽在杜利特的帮助下把飞机舱门关上。机舱里挤得根本无法动弹,陈文宽只得从人群头顶上爬回驾驶舱。C-47核定载客量28人,那天竟挤进了78人!由于严重超载,飞机加油门开大车,一直到跑道尽头才勉强飞起来。陈文宽驾驶着严重超载的飞机飞越"驼峰",一路上险象环生。两个多小时后到达印度加尔各答,他衣服湿透,瘫坐在座椅上。杜利特下飞机后特地走到陈文宽旁边,握着他的手说:"You are a god damn good pilot!"(你真是个了不起的飞行员!)

第二天,陈文宽从报纸的头条看到一条爆炸性的新闻:1942年4月18日,詹姆士·杜利特中校率领16架B-25轰炸机从"大黄蜂"号航空母舰上起飞,轰炸了包括东京在内的日本本土,然后在中国东部沿海迫降。陈文宽这才清楚杜利特此次来华的真正原因,不禁惊出一身冷汗:昨天载着杜利特在密支那降落时要是被日本人抓到,可真是了不得!

2010年9月15日,97岁高龄的陈文宽先生率领美国"中国航空公司协会"的中美驼峰飞行员后人组成的代表团,从旧金山再一次跨越太平洋来到中国,来到他曾经战斗、生活过的地方。他们专程来到云南怒江的边陲小镇片马,探望抗日战争中坠落在"驼峰航线"上的中国航空公司53号飞机残骸,凭吊执行"驼峰空运"任务牺牲的战友。随后,他又从上海辗转来到南京,看望当年的部属和"两航"(中国航空公司和中央航空公司)的同事们。陈文宽先生平凡而伟大的人生见证了中美两国友谊不断发展的进程,而他也是推动这一进程的实践者。

陈文宽（右1）在"向美国飞虎队老兵致敬"招待会上。

陈文宽先生在南京飞虎队展览馆亲切会见"两航"同仁。

5
永远的纪念

中国的抗日战争是世界反法西斯战争的重要组成部分，中国的抗日战场也是世界反法西斯战场的重要组成部分。

在抗击日本侵略的各种力量中，空军是一支重要的力量。抗日战争爆发后，先后有美国、德国、法国、荷兰等国家的空、地勤人员来华帮助中国抗击日本侵略者。中国抗战最艰难的时候，苏联、美国向中国提供了飞机装备援助，并派遣志愿人员来华参加抗战。原中国人民解放军代总参谋长杨成武曾经说："抗日战争进入中期以后，由美国陈纳德将军指挥的美国志愿航空队和第十四航空队来到中国，同中国空军联合作战，构成了强大的空中堡垒，夺回了长期操于敌手的制空权。"在抗日战争的艰苦岁月中，苏联和美国许多优秀的航空人员血洒长空，为中国人民抗日战争和世界反法西斯战争的胜利献出了宝贵的生命，功垂千古，他们的业绩和英名已载入史册。在抗日战争中英勇牺牲的外国航空英烈，是为反法西斯侵略而献身的，也是为中华民族而献身的，中国人民将永远缅怀和纪念他们。

在抗日战争期间的国际援华航空组织及人员中，陈纳德和他的"飞虎队"名气最大。许多记录中国抗日战争的图书中，都有陈纳德和他的"飞虎队"、美国陆军第十航空队第23战斗机大队（美国驻华空军特遣队）和美国陆军第十四航空队，对

1944年秋，神父约翰·凯利（John Kelly）在昆明地区飞虎公墓路旁为阵亡的美军官兵举行祷告。

1945年，云南童子军向为反对日本法西斯而英勇献身的中、美航空人员墓地敬献花圈。

1932年，国民政府在南京紫金山北麓建立航空烈士公墓。后来，这里陆续安葬了3500多名在中国抗日战争期间牺牲的中国、苏联、美国、韩国航空人员。

他们打击日本法西斯的作战行动作了介绍并给予高度评价。在每年8—9月纪念中国抗日战争胜利的日子里，不少报纸杂志都要登载陈纳德和他的"飞虎队"、美国陆军第十航空队第23战斗机大队（美国驻华空军特遣队）和第十四航空队抗击日军的文章。中国还翻译出版了陈香梅著作《陈纳德与飞虎队》、美国杰克·萨姆森著作《陈纳德》、美国杜安·舒尔茨著作《美洲飞虎队》等图书。这些图书是中国人民缅怀和纪念美国援华航空人员的一种方式。

在中国南京紫金山北麓王家湾小镇附近，有一座"航空烈士公墓"，这里安葬了在中国抗日战争期间牺牲的3500多名中国、苏联、美国和韩国的航空人员，其中美国牺牲的航空人员2200多人。1995年，由民间捐款集资，修建了由张爱萍将军题写碑名的"抗日航空烈士纪念碑"。

在中国翻译出版的《陈纳德与飞虎队》、《陈纳德》、《美洲飞虎队》等图书

参加中国抗日战争牺牲的美国航空人员英名碑

美国航空烈士名单（局部）

抗日航空烈士纪念碑

航空烈士公墓内的抗日航空烈士墓地

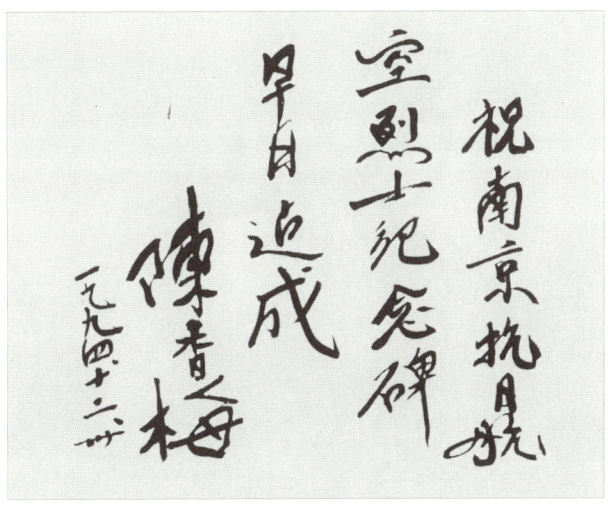

1994年12月30日，陈纳德将军的夫人陈香梅女士为抗日航空烈士纪念碑题词。

美国航空老战士向英名碑上的战友致敬。

南京抗日航空烈士纪念馆进门馆标

南京航空烈士公墓内的弗兰克·谢尔（Frank Schiel）塑像。美国志愿航空队飞行员弗兰克·谢尔先后击落4架日军飞机。志愿队解散后，编入美国陆军第十航空队第23战斗机大队，担任第74中队中队长。他在第23战斗机大队又击落3架日军飞机，成为王牌飞行员。1942年12月8日，弗兰克·谢尔在昆明的空战中牺牲。

南京抗日航空烈士纪念馆内的"飞虎队"飞行员照片及塑像

2009年9月，在抗日航空烈士公墓的西北侧，又建成了南京国际抗日航空烈士纪念馆。纪念馆通过文字、图片、多媒体、场景、实物以及声光电设备等，全面生动地展示了第二次世界大战期间中国、美国、苏联和韩国等国航空人员在中国的天空共同抗击日本侵略的英勇历史。陈纳德将军的遗孀陈香梅女士被聘为国际抗日航空烈士纪念馆名誉馆长。

2005年5月19日，由原"飞虎队"老兵、"驼峰空运"机组人员及家属等18人组成的"怀旧之旅"访问团，来到南京航空烈士公墓悼念航空烈士。南京航空联谊会有关人士、部分小学生代表等一起参加了悼念活动。已经86岁的"怀旧之旅"访问团团长、"飞虎队"老兵爱德华已经是第19次来华访问。爱德华说，他很怀念长眠在此的美、中两国飞行人员，他们当年英勇奋战，共同打击日本侵略者，在战斗中结下了深厚的友谊。看到很多小学生来瞻仰抗日航空烈士墓，他很高兴能让孩子们了解这段历史。"怀旧之旅"访问团还先后访问了北京、西安、昆明、桂林、上海等地。

2005年8月24日，包括15名美国"飞虎队"老兵在内的"V60美国飞虎历史大追踪访华团"共65人来到南京航空烈士公墓凭吊抗日航空烈士。此前，他们去过北京、西安、昆明、桂林等城市。他们这次来华访问的目的是参加中国举行的纪念抗日战争暨世界反法西斯胜利60周年活动，并到自己曾经战斗过的城市及基地作怀旧旅行，与当年的中国战友相聚。

86岁高龄的"飞虎队"老兵裘斯夫·哈特说，他1943年来到中国，在当年8月24日的空战中，他们7架飞机击落了日军40多架飞机。他在那次战斗中负了伤，幸亏被一位年轻的中国姑娘搭救。他说，今天我心情非常沉重，因为纪念碑上刻着60多位当年和我并肩作战的战友。83岁的"飞虎队"老兵哈罗德·加维特说，来到航空烈士公墓，他感到非常震撼，尤其是看到纪念碑上镌刻的那些烈士姓名时，他更是激动，他为有这样英勇的战友而感到骄傲，也为当年在抗日战争中中美两国间缔结的深厚友谊而感到高兴。

2005年9月12日，以美国飞虎协会主席约翰·迪克·罗西为团长的美国"飞虎队"老兵访问团一行100多人（其中有40多名"飞虎队"老兵），到南京航空烈士公墓悼念航空烈士。90岁的约翰·迪克·罗西激动地说："今天我的心情非常沉重，因为这里埋葬了我许多战友，他们都是为了反对法西斯、捍卫世界和平而牺牲的。我为有这样的战友感到自豪。我希望人们永远都不要忘了他们。"

81岁的"飞虎队"老兵叶里洛拉（格伦·本尼达）是和他的夫人一起来参加悼念仪式的。指着坐在轮椅上的妻子，叶里洛拉说："她腿不好，可当她听到这里埋葬了中、美、苏三国的航空烈士时，她就坚持要来。她的心情我能理解，烈士永远值得我们尊敬。"

9月13日就是海罗德·吉尔的89岁生日，这位当年参加"驼峰空运"的老兵在航空烈士英名碑上找到了当年战友的名字，这让他特别兴奋。他说："当年中美两国人民为了共同的事业走到了一起。在艰苦的战斗中，中美两国人民结下了深厚的友谊。希望中美两国友谊能够代代相传。"

2010年6月11日，87岁的美国前临时参议长、曾经参加"驼峰空运"的老兵特德·史蒂文斯（Ted Stevens）来到南京航空烈士公墓凭吊抗日航空烈士。史蒂文斯先生仔细浏览英名碑上烈士的名字，神情肃穆。当看到熟悉的战友名字时，他便指给大家看，嘴里还念叨着这些名字。他说：把烈士英名刻在碑上，这种纪念方式很好。随后，史蒂文斯参观了抗日航空纪念馆，馆内的图文、实物以及场景布置，让他仿佛回到了当年在"驼峰航线"上飞行的场景中。在一幅飞行旧照片前，他指着照片上的飞机说，当年他就是驾驶着这样的飞机来到中国。

参观结束后，史蒂文斯为纪念馆题字并植树留念，并向纪念馆捐赠了一批自己当年在中国服役时的照片，以及一幅当时每位援华飞行员的急救包中

"怀旧之旅"访问团"飞虎队"老兵在南京航空烈士公墓美国援华抗日烈士英名碑旁留影。

"飞虎队"老兵裘斯夫·哈特向刻有战友名字的英名碑献花。

"飞虎队"队员的亲属在抗日航空烈士英名碑前瞻仰烈士英名。

"飞虎队"队员亲属塞逊·克莱尔在航空烈士英名碑上找到了父亲的名字,她拿着当年父亲的照片向人们讲述父亲在中国与日军作战的经历。

美国飞虎协会主席约翰·迪克·罗西(中)等飞虎老兵向航空烈士纪念碑敬献花篮。

"飞虎队"老兵海罗德·吉尔在航空烈士英名碑上找到了战友的名字,他非常激动地讲述当年战友参加中国抗战的英勇事迹。

"飞虎队"老兵向航空烈士致敬。

美国前临时参议长、曾经参加"驼峰空运"的老兵特德·史蒂文斯向抗日航空烈士纪念碑敬献花圈。

都配备的中国地图。该地图历经70多年岁月依然保存完好，弥足珍贵。纪念馆方面则回赠了美国航空烈士名册及他当年驾驶的C-47运输机模型。

1944年8月31日下午，美国陆军第十四航空队第308重轰炸机大队第375中队一架编号40783的B-24D重型轰炸机，从柳州基地起飞轰炸台湾高雄港的日军军舰后，返航到达柳州机场上空，发现机场被日军轰炸不能降落，遂转往桂林秧塘机场降落。由于天色已晚，能见度很差，这架B-24D轰炸机撞上距离桂林81千米、海拔2142米的猫儿山，10名机组人员全部遇难。

半个多世纪后，村民在山中找到这架B-24D轰炸机的残骸。为了纪念与中国人民并肩战斗，共同抗击日本法西斯不幸牺牲的B-24D轰炸机10位机组人员，1998年6月，广西壮族自治区政府和广西军区在猫儿山建造了一座美军失事飞机记事碑，将英雄的名字连同他们的业绩永远镌刻在猫儿山上。他们是：皮尔庞特、托曼戴尔、丹明、沃特、戴陆西尔、杰格、凯雷、基尔西、伯克雷和奈瑟武德。

2009年11月16日，85岁高龄的原美国陆军第十四航空队第308重轰炸大队第373中队B-24D重轰炸机尾炮炮手路易斯·司乃敦及其家人专程来到桂林，参观当年在猫儿山坠落的B-24D轰炸机残骸，对牺牲的战友们表达崇高的敬意。在广西兴安县美军失事飞机陈列馆里，有关负责人向路易斯·司乃敦一行详细讲解了发现飞机残骸和搜寻遗物的经过。面对昔日战友的照片和飞机残骸，路易斯感慨万分。这个机组与路易斯·司乃敦是同一个大队的战友，他与牺牲的10名机组人员都非常熟悉。路易斯·司乃敦说："看到这些东西，让我想起了我年轻时候来到中国作战的情景。我为在战斗中英勇献身的战友感到惋惜，非常感谢广西人民建造了这么好的博物馆来纪念我的战友。"

1998年6月5日，兴安县政府在猫儿山铁杉公园举行美军B-24重型轰炸机失事记事碑落成揭幕仪式。

在坠机现场收集到的机组人员的手枪和子弹

美军人员遗骸交接仪式组图

美军代表在遗骸交接仪式上致辞。

路易斯·司乃敦在中方人员搀扶下，参观美军失事飞机残骸陈列馆。

路易斯·司乃敦参观美军失事飞机图片展。

在座谈会上，路易斯·司乃敦展示当年他使用过的救助标识。

1944年12月7日下午，一架编号为42-65213的美国陆军第二十航空队B-29轰炸机执行完轰炸任务返回四川邛崃基地时发生严重故障，机上部分人员跳伞。15时30分，驾驶员操纵飞机避开人口集中的乡镇后迫降，飞机在距乐山市安谷镇10千米、蔡金镇2.5千米的学堂坳坠毁，机组怀特少校等9人当场罹难。跳伞的8人降落在永镇寺（今石硐寺）附近的山地上，柯朗少尉等4人安然无恙，哈根斯中尉等4人受伤。

空难发生后，永镇寺住持戒章立即率全寺僧侣、居士，与当地村民一起对受伤者进行伤口处理，尽最大努力向他们提供当时最好的食宿。同时，迅速组织大家将方圆几平方千米的土地上散落的美军遗体和飞机残骸以及各类物品全部找齐，均按其大小、色彩、功能及结构摆放，力求整齐、完整。寺院按当地宗教礼仪，为9名遇难者举行了诵经、超度等一系列法事活动。12月16日，当地政府在永镇寺前举行了隆重的追悼大会。永镇寺僧众慷慨捐出善款，在离寺庙100余米的山垭上买了一块地，按当地民俗为死难者举行了庄严而隆重的葬礼，并立碑纪念。不久，国民政府和驻华美军派人将8名幸存美军人员接走。1945年6月9日，陈纳德将军和美军代表威廉赶赴安谷镇，将9名战友的遗骨起运回国。

1945年2月21日，美国陆军第十四航空队第311战斗机大队第528中队飞行员约翰·迪士尼驾驶P-51A战斗机，掩护轰炸机编队对山西运城日军机场进行轰炸时，被日军战斗机击中，坠落在运城机场西北的南李村北。据当时目击者、运城市盐湖区村民姜士文说：飞机掉下来时，已经断成三截，部分机体着火，飞行员也被烧着了。这时日军搜索队围了过来，几个村民都跑开了。第二天，村民们又来到失事地点，看到飞行员遗体及飞机残骸暴露在野外，遂将飞行员遗体掩埋在附近的田地里。

约翰·迪士尼在中国参加对日军作战165次，因作战勇敢，获得过美军十字勋章和橡叶勋章。2002年5月，约翰·迪士尼的表弟卡尔先生随美国空中巡逻队（Civil Air Patrol）访华团来到西安，他希望中国方面协助寻找当年约翰·迪士尼坠机牺牲的地点。陕西省航空联谊会、运城市民政局等单位遂派专人进行调查，寻找到坠机地点——运城市南李村，并了解到约翰·迪士尼牺牲的有关情况。

2003年2月21日，在约翰·迪士尼牺牲58周年之际，卡尔夫妇参加了陕西省航空联谊会、运城市民政局及当地民众在南李村为约翰·迪士尼举行的追悼仪式。2004年3月23日，卡尔带领179人的美国飞行协会旅游团再次来华，表达对中国人民的友好和感激之情。

第二次世界大战是一场以美国、苏联、中国、英国、法国等为首的同盟国与德国、日本、意大利三个轴心国作战的反法西斯战争。中国作为同盟国成员，在东方钳制住了几百万日军，为同盟国减轻

第375中队10名B-24D机组人员出征前的合影

了压力,间接支援了欧洲战场和太平洋战场盟军作战。正因为如此,中国在抗日战争中付出了巨大的人员伤亡及财产损失。第二次世界大战是历史上造成死伤人数最多的战争,交战双方大约死亡6000万人、受伤1.3亿人。

2015年是世界反法西斯战争胜利70周年和中国人民抗日战争胜利70周年,中美两国人民和军人同世界爱好和平的人们一起,缅怀在世界反法西斯战争和中国抗日战争中牺牲的军人和民众。中美两国人民要特别纪念陈纳德将军和"飞虎队",让人们记住几千万人用鲜血和生命换来的和平的来之不易。同时,要让世界人民警惕极少数人美化侵略、歪曲历史的行径,绝不能让第二次世界大战的悲剧重演。

竖立在乐山石碉寺附近的美国援华抗日烈士纪念塔(碑)

纪念塔的左侧还有一块小碑,上面刻有补记,记述了安葬、迁移亡灵的人员、时间,以及整个机组的人员名字、军衔、伤亡情况。

卡尔夫妇和运城市民政局代表在当年约翰·迪士尼牺牲的地点凭吊烈士。

2005年6月，运城市南李村村民及陕西省航空联谊会在南李村修建的约翰·迪士尼纪念碑落成。

美国美术工作者雷蒙德·尼尔逊创作的"飞虎队"战斗英雄油画。他们的英雄故事,仅仅是"飞虎队"英雄的缩影。